中华传统规矩

朝歌 编著

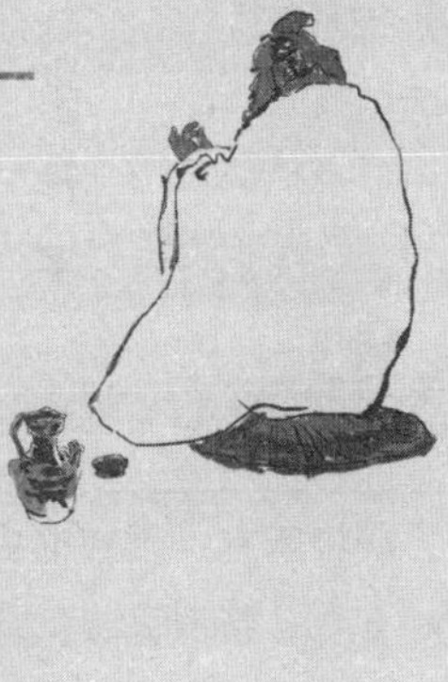

华龄出版社
HUALING PRESS

图书在版编目（CIP）数据

中华传统规矩 / 朝歌编著 . -- 北京 : 华龄出版社 , 2023.10

ISBN 978-7-5169-2615-4

Ⅰ . ①中… Ⅱ . ①朝… Ⅲ . ①风俗习惯—介绍—中国 Ⅳ . ① K892

中国国家版本馆 CIP 数据核字 (2023) 第 190668 号

策划编辑	刘慧滢	**责任印制**	李未圻
责任编辑	郑　雍	**装帧设计**	韩海静

书　名	中华传统规矩	**作　者**	朝　歌
出　版 发　行	华龄出版社 HUALING PRESS		
社　址	北京市东城区安定门外大街甲 57 号	**邮　编**	100011
发　行	（010）58122255	**传　真**	（010）84049572
承　印	德富泰（唐山）印务有限公司		
版　次	2023 年 10 月第 1 版	**印　次**	2023 年 10 月第 1 次印刷
规　格	710 mm x 1000 mm	**开　本**	1/16
印　张	14	**字　数**	121 千字
书　号	ISBN 978-7-5169-2615-4		
定　价	59.00 元		

前言

中国有句古话，叫作“不以规矩，不成方圆”。规矩，是道德或伦理规范化的规制，是个人修养的准则，是美好形象的标志，也是家庭美满和睦的根基。泱泱五千年华夏文明，祖辈们留下了很多规矩，被一代一代地传承了下来，成为中国传统文化的重要组成部分，深深地影响着人们的日常生活。

人生在世，与人交往，立身处世，都离不开规矩。日常生活中，我们每个细微的表现，都向周围人泄露了自己的信息：家教、性格、喜好、人品。一个懂规矩的人，别人才会给予你关照，走到哪里都受欢迎；一个不懂规矩的人，不仅得不到他人的帮助，还会遭到嫌弃和疏远。可见，规矩有多么重要。

可是，在这个追求高效的时代，很多年轻人对祖辈留下来的规矩都知之甚少，严重影响着自身素质的提高。还有一些人认为，中华传统老规矩已经“过时”，不适合当下人们的生活。所以当今社会里，老规矩正在不知不觉地消失，被我们渐渐淡忘。

殊不知，老规矩就像是正畸的牙套，看上去似乎无用，却能让你活得更漂亮。每一条规矩都经历了时间的洗礼，有着祖辈们生活的印记，蕴含着丰富的人生智慧。

比如“长辈不动筷，晚辈不能动”，不仅是尊重长辈和自己，同样是为了塑造孩子的未来；再如“早晨给老人问安”，是一种最基本的礼节，也是一种尊敬长辈的表现；比如去别人家做客“不能坐人家的床”“不擅入主人的卧室”，也是每个人须知的礼仪，体现着一个人的教养；又如老一辈常说的“站有站相，坐有坐相”“站着不倚门”，就是要求我们要有意识地锻炼自己，做到举止端庄、优雅，同时也告诫人们，做人要正直。事实证明，绝大多数老规矩并不是迂腐无用的老古董，而是传统文化的习惯，更是指导人们日常行为规范的礼仪常识，时至今日，依然值得传承。

只要我们不断训练和强化，每个人都能成为淑女或者君子。本书归纳、介绍了近百条中华传统规矩，涵盖家风家规、饭桌礼仪、迎宾会客、走亲访友、仪容谈吐、人际交往六个部分。在社会变化日益快速的今天，许多经久不变的规矩和礼仪，已经发生了微妙的改变，而本书则顺应时代的发展，对诸多老规矩进行了新的解读，让它们更贴近人们的生活。本书内容丰富，实用性强，简洁易懂，饱含生活智慧，可以为我们的人生指引航向。

中国自古是礼仪之邦，规矩就是“礼”通俗外化的表现，包含“推己及人”的智慧和“正己化人”的人文关怀。规矩可以不遵守，但是不能被破坏。正如俗话所说的“不听老人言，吃亏在眼前”，我们要从这些浓缩的精华中汲取智慧和知识，感受生活的意义。

目录

第一章　家风家规

第二章　饭桌礼仪

第三章　迎宾会客

第四章　走亲访友

第五章　仪容谈吐

第六章　人际交往

第一章
家风家规

家规，一个家的无价之宝

一个家，最重要的财富不是别墅房产、名车首饰，也不是工作职务、社会荣誉，而是家规。

家规又叫家法、家范，是家族或家庭内部的自我约束规则。家规能有效调节家庭成员之间的关系，实现亲人的和谐相处、财富的规范积累、文化的高效传承。

历史上，凡是家世昌隆，福泽久远的人家，都离不开家规的规范。现实中，家规可以凝聚所有血脉相通的人，互相提携进步，维持和睦繁荣。

浙江浦江县曾有个郑氏家族，在当地大名鼎鼎。这家人历经宋朝、元朝、明朝三代，整整十五世一直居住在当地，时间长达近 360 年。尽管外部社会动荡、改朝换代，但郑家人却始终团结如一。

1385 年，明代开国皇帝朱元璋听说这件事，特意召见郑家后代子孙。朝堂之上，老皇帝问道："你们郑家世代昌盛，家族和睦，到底有什么秘诀？"

朱元璋是皇帝，也是父亲。他希望从现实的成功者身上找到方法。

郑家人想了想说："没有。"

朱元璋感到奇怪："真的没有？"

郑家人又仔细想了想："确实没有。如果有，那就只有一条——谨守祖宗成法。"

朱元璋非常感慨，他对大臣们说道："一户人家遵守法规，就能昌盛，何况一个国家呢？"

就这样，朱元璋亲赐"江南第一家"匾额给郑家，并聘请其家族成员担任皇室子弟的讲师。

在我国古代，家风体现着家庭或家族的整体精神素养，而对家规的确立与维护，则成了塑造家风的必经之路。对内，家规的作用在于维护秩序、推动发展；对外，家规则能塑造良好的家庭和个人形象。从《颜氏家训》到《袁氏世范》，再到《朱柏庐治家格言》，都是历代家规中的典范。

在新时代，人们传承和弘扬传统家规文化，是坚定文化自信的方法，是培养个人正确价值观的渠道，更是教育影响下一代的最好素材。家规的价值无法用金钱来衡量，它赋予家人的并非可见外物，而是自身的涵养与素质。

如果一家有良好正确的家规，则一家幸甚。如果家家有文明健康的家规，则社会幸甚。

这，就是家规的价值！

好的家庭必须长幼有序

好的家庭必须长幼有序。年长者和年幼者之间，要遵守一定的礼节。

汉朝时，名将马援患病，梁松前来探望，在马援床下问候。马援躺在床上，并未起身还礼。等梁松离去后，儿子们问道："梁松可是当今驸马，在朝廷里地位显赫，很多人都惧怕他。为什么您不站起来还礼？"

马援回答说："我当年就和他父亲是平辈朋友。梁松即便地位显赫，我也不能因此打乱长幼辈分的礼仪。"

马援坚持传统"长幼有序"的礼仪，既是看重自己，也是维护梁松的名声。今天也有人对这套礼仪不屑一顾，认为"论资排辈"不合理，是否要尊敬要看每个人的现实能力和价值贡献。实际上，这样想是不对的。

"尊老敬长"是我们中华民族传统美德的重要组成部分，经过数千年的发展，已经成为将国人内心联结起来的特殊民族情感。自古以来，尊敬和关爱老人的理念和行为，对小到家庭的和睦，大到村庄的繁荣，更大到城市的民风、王朝的兴旺，都发挥过重要作用。

从人类发展规律来看，“尊老”就是对人类自身生命的尊重。任何正常生活的人，都会经历从儿童、青年、中年、老年直至死亡的自然过程，从生命整体的尺度来观察，尊重老人，也就是尊重未来的自己。更不必说绝大多数老年人，在其青年和中年时期，都以自己的劳动，为国家、社会和家庭做出过不同程度的贡献，当他们进入年老体衰的生命黄昏时，理应受到家人的尊重。

因此，真正的长幼有序，要充分体现在日常社交生活、起居饮食中。年轻人对长辈应遵循必要的礼节，彰显对其重视和尊敬。在家庭的集体活动中，更不能只看个人财富或社会地位，而是按年龄和辈分来排列先后次序。

不过，“长幼有序”也并非只约束年轻人。作为长辈，同样要遵守。身为长辈，需要包容、关爱年轻人，要支持他们对事业的追求、对生活的渴望，也要理解他们的新想法，尊重他们的新观点。如果只是一味批评指责甚至吹毛求疵，也是违背了“长幼有序”的老规矩。

子孙孝敬老人，家庭更兴旺

孝敬老人是中华民族的传统美德，这种美德在中国家庭中被广泛弘扬和传承。一个家庭中如果没有孝敬老人的美德，家庭气氛就不会和谐，也会影响家人的身心健康，兴旺将无从谈起。

孝敬老人，离不开“孝”，即关心老人的生活。“孝”并不需要一掷千金、豪车美宅，而是指晚辈能时时、处处、事事想着家里的老人，愿意为他们的幸福感、获得感和希望感付出努力。

古代知名人物中，有许多以“孝”的精神和行为而闻名后世。孔门弟子中，曾参、闵损、子路都非常孝敬双亲。子路年轻时很穷，只能以野菜为食。有时，他弄到粮食，要步行一百多里给双亲送去。双亲去世后，子路来到楚国，受到国君重用，外出时跟随的车子有几十辆。即便过上了好日子，但子路还是感慨地说：“现在即便还想吃着野菜，为父母背米，也不可能了。”

普通人如此，皇帝也如此。汉文帝的母亲生病时，他衣不解带地服侍，熬好的药端上来，他也会亲口尝了再给母亲喝。

“孝敬”老人，不能只有“孝”，关键在于“敬”。子游曾请教孔子什么是孝，孔子回答说：“今天人说的孝，大都是赡养父母，但即便是家里的狗、马，也都能得到饲养。如果没有对父母的尊敬之心，那这种所谓的赡养又和饲养狗、马有何区别。”可见，尊敬老人的家庭地位、尊重老人的意愿，满足他们的精神需要，在某种程度上比单纯的赡养更有价值。

当然，也有人觉得，父母年纪大了，“越来越糊涂”。还有的人认为，父母的脾气越来越怪，越来越难以相处，赡养他们不难，想要满足他们的精神需求就太难了。其实，这样的想法，在于缺乏对老人心理需求的了解。

首先，老人要有自尊需求。随着年龄的增长，很多老人对老去存在恐惧。他们的情绪因此变得敏感，担心变成没有价值的人，无法得到社会和子女的认可和尊重。此时，他们的自尊心相比其他人，反而更加强烈。

其次，老人也有依存需求。即使是曾经独立奋斗的人，到老年时也难免渴望得到他人的依靠，例如想找年轻人聊天诉说，从子女那里打听点消息，满足自己的精神需求等。此外，随着老年人的生理状况发生变化，其生病的可能性增加了，老年人对子女的要求也会增多。

最后，老人还有文娱需求和情感需求，比如喜欢跳广场舞，喜欢旅游，爱听戏曲等。尤其是当下的老年人，年轻时习惯了集体生活，集体的文娱项目让他们更有活力。

深入了解上述需求后，子女就应尽可能地尊重老人。例如，无论老人的经济状况、思考能力如何，家里有什么事情都要主动征询老人的意见，即便是象征性地征询一下，也能让老人觉得自己很受重视。节假日有时间可以陪老人做家务、散步、打牌，参与一些文娱活动。当然，如果自己有子女，也要教育子女这样尊重老人，并让子女抽出时间来和老人适当相处。

如果能这样做，“孝”和“敬”就能够完美融合，老人的心情会随之变好。当他们感受到亲情的温馨后，家庭自然更加和睦。

不要和长辈争论

尊重长辈是中华传统美德，在任何时代和社会，年轻人的素质修养都是非常重要的。尊重并非仅仅表面上客气，而是真心实意去聆听老人的言谈教诲，并从中发掘自己欠缺的学识、领略自己未能接触的经历，从中获得宝贵的人生经验。

在和长辈进行沟通时，也有对应的技巧。有些年轻人总是认为老年人不工作了，也不接触社会了，其思想必然落后，观点必然跟不上时代。由于类似先入为主的想法，他们经常会和长辈争论。小到一道菜应该怎样做，大到世界局势环球风云，都可能成为争论的来源。结果，和谐的家庭氛围荡然无存，老年人觉得自己不受尊重，年轻人也感觉心情不佳。

其实，和长辈争论，问题基本上都在年轻人一方。

不妨回顾一下，你和长辈争论的事情有哪些。其中大多数和实际利益关系不大，而是对一些话题的观点有分歧。诸如“年轻人该不该听演唱会”“带婴儿旅游算不算浪费钱”“女人需不需要买那么多衣服”“男人该不该出去应酬”之类话题很容易引起争论。其实长辈和年轻人观点不同是完全正常的，其矛盾根本上来自不同年龄段之间必然存在的“代沟”。如果你试图用争论来填平社会快速发展造成的消费观、价值观乃至世界观差异，那只能说明你并不成熟。真正成熟的人，一旦发现有可能引起争论，作为晚辈就要及时岔开话题、转移矛盾，避免引发长辈的不快。

当然，也有少数话题确实具有原则性，关系到长辈的生命财产安全，也关系到家庭的和睦幸福。例如，长辈接到诈骗电话，执意要转账，或者上了几节“保健养生课”，就要购买上万的“保健品”。这种情况下，晚辈不去劝说阻止，就会看着长辈遭受损失，这当然不符合孝敬之道。遇到这种情况，我们该怎么做呢？古人早就给了答案。

古代的曾子孝敬父母，他认为父母有了过错，子女也应该提出建议。他说：“父母之行若中道，则从，若不中道，则谏……孝子之谏，达善而不敢争辩。”

曾子的意思是，孝敬并不是对父母一味盲从，当父母做的事情违背了原则时就应当劝说。但劝说要注意方法，要引导父母长辈达到“善”的境界，但不要靠争论。

在面临原则问题时，晚辈可以引用国家的法律、法规、官方新闻媒体消息内容，或者找到长辈最信服的权威人士言论等，以此证明自己的观点是正确的。也可以心平气和地向长辈分析利弊，承认他们的想法和做法中正确的部分，再提出合理的建议，帮助他们完善做法。经过因势利导长辈总会有所改变。相反，盲目地争论，不仅不会让长辈回心转意，反而会让问题更加棘手。

饭前不训子，睡前不训妻

吃饭前不教训孩子，睡觉前不数落妻子，这是古人的睿智名言，也是今人理应遵循的家庭相处规则。

子女有所成就，是天下父母的共同心愿。但忙碌的工作和生活节奏，让很多父母只能抓紧饭桌时间，对子女进行教育。这种“饭前训子”的方式很糟糕。

从身体健康考虑，吃饭时父母喋喋不休地教训孩子，会导致孩子情绪低落，食欲减弱。他们带着糟糕的心情吃饭，会影响脾胃的工作能力。经常这样，孩子吃下去的饭菜不仅无法变成营养，反而会对幼小的脾胃带来损伤。

从心理健康考虑，吃饭时往往是一家人最佳的团聚时刻，在此时当着所有人的面教育孩子，难免会批评其缺点。这样的公开揭短，会让孩子产生深深的自卑感，难以有更强大的自信去面对未来的挑战。

更重要的是，家庭内部对教育问题的态度并非总是一致的。在有些问题上，每个人都有自己的观点。吃饭时教育孩子，很容易演变成大人之间的相互争论，导致家庭成员之间更大的不快。

“睡前不训妻”体现了古代封建社会的夫权特征。延伸到今天，可以认为无论夫妻中的哪一方，都不应该在睡觉前批评乃至训斥配偶。

生活中，夫妻之间有争论、争吵在所难免。但睡前不应当训斥另一半。睡眠是人一天中最重要的休息活动。夫妻睡前争吵，会导致夫妻关系失和，双方心情起伏、烦闷抑郁，甚至失眠。如果经常如此，夫妻双方的精神状态将越来越差，矛盾将越来越显著，最终造成身心疾病，家庭集体利益受损。

早晨给老人问安是个好习惯

早晨起床后先向老人问安，是良好的家庭生活习惯。《礼记·曲记》写道："晨则省，昏则定。"意为早晨起来，我们要先向父母问安。傍晚太阳下山后，我们要到父母面前请安。子女每天早晚都要看看父母，探视父母今天身体是否健康，精神状况是否安稳。

早在先秦时期，"问安"就成了重要的日常礼节。《礼记·文王世子》记载说，周文王当王朝继承人时，每天早晨鸡刚一叫，就会起床到父母卧室门前鞠躬，询问父母昨晚休息如何。侍从如果说休息得很好，他就会眉飞色舞；如果说有些不适，他就会愁容满面。

周文王是数千年前的古人，年纪轻轻就如此懂得孝敬老人。我们身为 21 世纪的现代人，更不应该忘记这样的优秀文化传统。

过去，家族大都居住在一起，彼此房舍分开。清早起床后，父母会领着孩子，去自己的父母卧室请安，同时也教会孩子问候爷爷奶奶。但今天的情形有所不同，即便三世同堂，也居住在同一套住宅内，即便是大平层，接触也很频繁。要是在放假时，可能儿女还没有醒，父母就已经醒了，甚至还要去喊醒他们，叫他们吃早饭。更多的情况是两代人并不住在一起，似乎也就无法“晨省昏定”。

其实，这些都并不妨碍对老规矩的传承。礼节固然是传统的，但真正的执行可以有变化和通融，也需要与时俱进。今天，年轻人夜生活丰富，可能晚上还要加班、学习，父母年纪大了醒得早，起床会早一些。但晚辈不能在起床之后就往饭桌前一坐，等着长辈递上碗筷，根本不知道应该先向长辈问好请安。其实，晚辈起迟了，也要先向长辈道声早安，询问长辈休息如何，再聊几句他们关心的话题，从而凸显长辈在家庭中的重要地位。

如果晚辈不和长辈住在一起，是否就无法做到晨起问安了呢？当然不是。移动互联网时代，人们常常会在手机上花费大量时间，观看短视频、浏览社交媒体等，却没有时间给长辈发条语音信息、打个电话。谁都不会相信这种借口。晚辈即便身处外地求学、工作，也可以在每天晨起后向长辈发条信息，问候早安，此外再分享自己的工作、生活、身心动态，免除长辈不必要的担心牵挂。

对“晨起问安”类似行为细节的注重，能体现出对传统孝道的传承，也能构建出家庭的和谐氛围。

见到长辈要弯身行礼

见到长辈弯身鞠躬，是我国传统礼节之一。在古代，人们对年龄大、地位高的人，用鞠躬来表示发自内心的尊重。这既是在肯定别人，也是在展示自身的修养。

其实，古代的子女对父母、学生对老师、下属对长官、臣子对皇帝，最常见的礼节并非影视剧中的那种“跪拜”，更多的是鞠躬礼。这种礼节的仪式感很强。尤其在会面或讨论结束后，晚辈离开之前，都要对长辈行鞠躬礼。此时的鞠躬可不是简单弯腰就结束了，要一直保持着弯腰状态，直到长辈离开，或者自己离开长辈的视线范围。为表示庄重，晚辈经常会一直面朝长辈，保持着倒退弯腰的姿势离开。如此严格的弯腰鞠躬仪态，在全世界范围内都很少。

《论语·乡党》里描述了孔子去见国君时的礼仪：“入公门，鞠躬如也，如不容。”

当孔子走到国君所在殿堂的大门时，就弯腰鞠躬，显出谨慎恭敬的样子，似乎空间不容他直起腰。

以孔子的学问和地位，都要向国君如此谨慎地鞠躬，更不用说晚辈见到长辈时应当表现出的礼貌态度了。尤其是在重要场合，或者遇到许久不见的长辈时，鞠躬更是表示尊敬、友好、礼貌的肢体语言。如今的鞠躬礼自然不需要像过去那样烦琐，但也并不只是弯弯腰那样简单，否则就会适得其反，变成敷衍了事。这既是对长辈的不尊重，也显得自己缺少诚意和教养。

见到长辈时，我们应先脱帽，目视长辈，面带微笑，上身向前下方弯曲，再加上“您好”“请多指教”等话语。弯腰的幅度约为15~60度即可，通常没有必要90度。当然，更不能幅度太小，变成了平辈熟人之间的点头礼。

弯腰鞠躬之前，应该先挺胸站直，姿势挺拔。女士弯腰时，可以用丁字步站姿，男士弯腰时，两脚并拢夹紧。千万不要弯腰驼背、精神涣散，这样的弯腰鞠躬会显得不情不愿。

弯腰鞠躬前，要微笑着注视对方的眼睛。站直后，再次注视对方眼睛并说出问候。鞠躬过程中，视线应该落在长辈脚下，表示诚意。

需要注意的是，冬天见到长辈，鞠躬前要注意先脱帽，无论男女，戴帽弯腰鞠躬都是不礼貌的。如果是在宴会、茶话会等场合遇到长辈，需要鞠躬行礼时，千万不能吃东西或叼着香烟。

长辈给的东西，要用双手接

当你在领奖台上，面对平易近人的领导递来的奖状，你伸出的是一只手还是双手呢？当你在家中接过长辈递来的生活物品，你伸出的是一只手还是双手呢？

对于前面的问题，几乎所有人的回答都是“双手”。但后面的问题，答案可能就不同了。有人觉得，生活中哪有那么多的仪式感，递一双筷子、一把剪刀，也要用双手接吗？其实，这样想就大错特错了。

接递物品的不同方式，会给对方留下不同的印象。双手递接长辈拿过来的物品，能充分体现出对长辈的尊重。如果随意地用一只手递接，会显得无所谓，对长辈不够尊重，这种错误行为，会影响家风的形成，让更年轻的晚辈缺少对所有长辈的尊重。一旦养成了习惯，会在社交场合破坏家庭的集体形象，失去潜在的发展机会。

教育家丰子恺有一套关于家庭礼仪的教育，他非常注重教育孩子们待人接物的日常礼仪，并且注重其中的具体细节。

丰子恺对孩子们说：“如果客人来了，要热情招待，要主动给客人端茶、递烟，一定要双手捧上，不能用一只手。”丰子恺还解释说，如果用一只手给客人递东西，就如同过去的皇上对臣子赏赐，或者是有钱人施舍乞丐，这是对客人的不尊重，是非常不恭敬的表现。

丰子恺还对孩子们说，如果是客人送给你们礼物，可以收下。但你们接过来的时候，要躬身、双手去接。躬身代表感谢，双手表示尊敬。

丰子恺有这样的家规，他的家风才备受社会赞扬，几个孩子长大成人后也非常优秀。

我们应该怎样双手递接长辈的物品呢？

第一，双手递出的物品，应尽量直接递送到长辈手中。

第二，如果双方相距过远，应该主动走近长辈。

第三，如果晚辈是坐着，长辈站着，晚辈应首先站起身，再双手递接物品。

第四，在递送有文字的物品时，应将文字正面朝向长辈。

第五，在递送带有尖、刃或可能伤人的危险物品时，应将可能伤人的部分对自己或别处，双手递接给长辈。

第六，如果是向长辈递茶，应该一手握住茶杯或轻扶杯壁，一手托住杯底，并说声“请用茶”，双手递给长辈。如果茶水比较烫，应提醒长辈不用接，由晚辈将之双手放到长辈面前的茶几、桌子上。如果是晚辈接过长辈的茶，应站起来伸出双手接，并说“谢谢”。

亲人之间也须讲礼貌

礼貌是由对人的尊敬而生成，它多半是自幼养成的。如果亲人之间能讲礼貌，孩子就能在家庭中学会以礼待人。如果家风、家规树立了礼貌之风，每个人身处其中，就能相互帮助，建立良好的自我评价体系，从而发展出自尊和自信，这对工作、学习和生活大有帮助。

东汉时，有个人叫梁鸿。他对家人很讲礼貌，树立了良好的家风、家规。他的妻子也同样如此。梁鸿每天农耕回家，妻子为他准备饭菜，在他跟前从不仰视，总是将装满食物的托盘高举到眉毛处，递给梁鸿，以示礼貌。梁鸿也总是礼貌地站起来，双手接过盘子。后来，有个官员看到他们如此恩爱，知道梁鸿不会是普通人，就资助这个家庭，让梁鸿安心钻研学术。

亲人之间的礼貌是一种集体习惯。一旦养成，整个集体就能从中终身受益。反之则会令人厌恶，无法得到良好的社会评价。

《儒林外史》上的胡屠夫就是典型的反面案例，他和范进明明是一家人，但他对范进却毫无礼貌可言。尽管他行动上补贴了范进的家庭，但一张口就是“现世宝穷鬼”“烂忠厚没用”“癞蛤蟆想吃天鹅肉”，这些话粗俗尖刻，不仅伤害了范进，也伤害了自己的女儿，更是损害了自己在街坊邻居眼中的形象。实际上，胡屠夫倒并没有什么恶意，他日常做生意接待客户时，想必也很客气礼貌。但他的言行代表了很大一部分小市民的特点，即将礼貌看成一种“工具”，面对家人尤其是自己无所求的亲人时，这种“工具”就用不上了。正因他眼界如此狭隘，所以根本料想不到范进中举后，自己应该如何转圜，结果说出了“贤婿老爷”这种根本不合礼貌的称呼，在吴敬梓笔下变成了前倨后恭的笑柄。

亲人相处，无论是父母和子女，还是夫妻之间，由于太过亲密，很容易忘记了彼此的社会角色。尤其是围绕生活习惯等问题，家人之间更容易出现矛盾。刚开始还可能彼此容忍，时间长了，就会因为不耐烦而失去礼貌态度，将对方当成情绪垃圾桶，说话不留情面，结果伤人又害己。很多家庭内部冲突，大都由小事引起，逐渐积累成大矛盾，甚至导致家人反目。因此，在日常生活中不仅要对外人讲礼貌，更要对家人讲礼貌，这是每个人必修的幸福家规课。

兄弟姐妹相处的礼仪

传统礼仪将兄弟姐妹的关系，与“君臣”“父子”“夫妇”“朋友”四种关系相提并论，可见其重要性。兄弟姐妹之间血脉相连，如果这样的关系都不能友好相处，又将如何面对复杂的社会关系呢？因此，古人历来将“孝”和“悌”相提并论，成为家风、家规的基础思想。

晋代有两兄弟，名叫王祥、王览。母亲朱氏偏爱弟弟王览，讨厌哥哥王祥。对哥哥轻则骂、重则鞭挞。每次当朱氏对王祥发怒后，王览就会抱着哥哥不放并暗暗流泪。等王览长大后，就经常规劝母亲，让她不要对哥哥如此。为了避免母亲责罚哥哥，她交给哥哥的难做的事情，王览就和他一起做。王览又让自己的妻子在母亲面前为他哥哥求情。

王览的行为，达到了古代人所说“悌”的道德标准。在古人看来，兄长应该“仁”，即对弟弟关爱、照顾，弟弟应该“悌”，即对哥哥恭敬顺从。对此，古人有一整套的严格要求。

随着时代的发展，一味强调“仁”和“悌”都失之偏颇。但作为兄弟姐妹，幼时长期生活，成人后虽有了各自家庭，但也经常接触，为此，无论是兄姐还是弟妹，都要在大方向上把握好礼仪要求。

如果是兄姐，就应时时以身作则，照顾好弟妹。当弟妹之间发生矛盾，兄姐要认真公平地处理。兄姐也不能倚仗自己年纪大，动辄指使弟妹做事。即便他们有错，也不能当着父母、外人的面加以斥责，更不能私下在父母面前“告状”，这很容易让他们反感。

如果是弟妹，也不要因为自己年纪小，可能更被父母关爱，而自认为拥有某种优越感。也不能刁蛮任性，做什么事情都不考虑兄姐。同样不应该在父母面前说兄姐的不是，这种情况很不利于一家人的和谐相处。

兄弟姐妹之间年龄不同，性格各异，相处时很难达到完全和谐。但家人之间的礼仪往来必不可少，交往时要诚恳热情、互助互利。例如，当兄弟姐妹的子女升学、过生日或受到奖励时，不妨适时送上礼物以示祝贺。当他们遇到困难时，应主动询问了解，向他们伸出援助之手。当他们生病，要及时慰问探视。虽然这些只是小事，但其影响是重大的，能让兄弟姐妹之间的相处更为融洽。

不要在外人面前数落孩子

孩子在公共场合犯了错误，应该怎么办？此时，成年人一定要注意教育孩子的方式、方法。适当的规劝和阻止是必需的，但只要孩子有所察觉和改变，父母就不要当着外人的面，不停地数落孩子。否则，必然会伤害孩子的自尊心，恶化亲子关系。

如果父母不顾及他们的自尊，当着外人的面批评孩子，就会让孩子产生被羞辱感。等孩子稍微长大后，他们甚至会当着外人面选择逃避甚至反抗，这将让家长更为难堪。

胡适少年时由母亲抚养成人，她从来不会当着外人的面打骂胡适。胡适回忆说："母亲批评我，并不是为了告诉别人她在教育我。"有时候，胡适做错了事，母亲只会用严厉的眼神看向他，让他意识到自己的错误。如果犯了大错误，母亲会等到夜深人静，再关上房门责罚他。

如果孩子从小就在众人面前被批评、处罚，他们即便不会反抗父母，也会走向另一个极端，即在长大成人后无法应对外界的欺负。此外，当着外人批评孩子，也不会显得父母的形象更高大，反而显得缺少涵养，甚至让外人也下不来台。

需要注意的是，在外人面前也尽量少对孩子作比较。有时候，当朋友带着孩子来做客，有些家长就会开展“比较”。他们经常会表扬来客的孩子，贬低自家孩子。例如：“你家孩子吃饭不挑食，真好，我家就不行了。”“我家孩子学习要像你家这样，我就省心了。”或许父母的本意是要激励孩子追求进步，但这样会适得其反，让孩子觉得很丢面子，还可能嫉恨来客的孩子。

其实，在大庭广众之下，只要孩子不是犯下了需要立即制止的错误，家长教育孩子的方式、方法可以更加软性。例如，对孩子用眼神示意，对他皱眉、摇头，或者温柔地直接用手阻拦他继续犯错等。这样既给孩子留了面子，也有助于让孩子意识到自己正在犯错并进行改正。

家里的事，不对外人言

家里的事情，只在家里说。如无必要，不用对外人透露，这是我国传统文化中的一种生活准则。

人们为什么不喜欢将家事对外人言说呢?

家人的血脉、亲情、伦理紧密相连。家庭既是社会运行的基本单元，也是荣誉和利益的互惠互享共同体。但家庭内部也不可能永远平静，也会出现矛盾。家人间的矛盾可能会迟迟难以解决，甚至可能激化。无论这些事情是否涉及自身，家庭成员的责任都应是对其加以解决而非对外宣扬。

在大多数情况下，家庭内部的矛盾都只是生活琐事，其发生的原因、发展的过程、归属的责任、解决的方法，只有家人最清楚，也只有家人在一起心平气和地讨论，才能加以解决。如果面临矛盾，就动辄向外人诉说“不公”，外人也会爱莫能助。这是因为外人既不可能了解家庭矛盾的真相，也没有权力去加以裁决评判。如果外人想要从中作祟，反而会加以传播，破坏家庭原有的形象。

“坏事”不能告诉外人，那么好事是否能告诉别人呢?答案也不尽然。当一个家庭碰到了喜事，比如子女高考成绩非常好、孩子找到了好工作、家人拿到了高额奖金时，知晓情况的家庭成员总有对外分享的冲动。但这种冲动应适可而止，尽量限于密友之间，最好做到闭口不言。

无论外人与你关系有多密切，他们都很难从上述好事中得到真正的利益分享。一旦他们中有少数人出于嫉妒而扭曲事实、搬弄是非，就会给家庭带来很多麻烦。例如，孩子明明是靠自己的能力找到好工作，到某些人嘴里，就成了家人手眼通天，靠关系运作而来。类似事情不胜枚举，其中教训值得吸取。

即便外人不会嫉妒，但过度炫耀“好事”，也可能伤害到外人的情感。例如，有些女性一旦和朋友聚会，就大谈特谈自家的丈夫多么优秀、孩子多么努力、公婆多么勤快……但她们可能没有想到，无论描述的这些家事是真是假，在外人眼里都显得过于高调，更容易令人厌恶。

最后，家里面临的大事，需要做出决定。这种情况或者向专业机构人士咨询，或者就由家人召开内部会议形成结论，同样无须盲目向外人求助。外人很难了解其中原委，也不愿背负责任，即使给出意见也只是敷衍了事，并不会真心投入精力思考和帮助。

唐代时，高宗李治想要废立皇后。一开始他向官员征求意见，官员意见相左，他始终举棋不定。后来，开国功臣李勣说：“这是陛下的家事，何必问别人呢？”这句话点醒了李治，让他下定决心立武氏为皇后。

尽管历史的走向似乎证明李勣说法的错误，但在当时，他的话也并非没有道理。在其他人看来，皇帝废立皇后与否，都有一定的道理，永远会有一半外人同意，也永远会有一半外人反对。与其这样拖延下去，不如当机立断，由自己做出决定。

给老人庆寿的规矩

子女给老人过寿，是中国民族的传统美德，体现了中国的孝道文化。不过，在民间，给老人过寿也是有很多讲究的。

在我国民间，有“不到花甲不庆寿”的说法，意思就是，人过了花甲之年六十岁才可以过寿。古人用干支纪年法来计算年份和日期，六十岁就是一“甲子”，相当于人生走完了一个轮回，正式进入老年。所以，六十岁以上的老人才可以过寿，我们也称作“六十大寿”或者“花甲寿”。在六十岁之前，只能“过生日”，不可以大张旗鼓地举办宴会来过寿。

给老人庆寿，还有“庆九不庆十”的说法。就是说，当老人准备过60、70、80等整十岁的寿诞时，要提前在59岁、69岁、79岁、89岁时举行过大寿的仪式活动，这是上千年以来我们一直遵循的习俗。

人们之所以这么做，和汉字发音有关。古人认为，“十”和“死”发音相近，听起来不吉利，尤其是对上了年纪的老年人来说，更是忌讳。而“九”和“久”同音，“久”有“长久”“永远”“天长地久”“长寿”等美好的寓意，因为这两个数字相邻，所以人们将整十岁的大寿往前挪了一年过。这不仅表达了人们希望老人长寿健康的祝福，也体现了中国人“宁亏勿满”的思想文化理念。

给老人庆寿，还要避开“73”和“84”两个年龄。老一辈人经常说：“73、84，阎王不请自己去”，说明在人们心中，73岁和84岁是极为避讳的年龄，不能大张旗鼓地在这两个年龄庆寿。之所以有这种说法，主要与我国古代两大圣人孔子和孟子有关。大家都知道，孔子享年73岁，孟子享年84岁，在古人看来，这么伟大的圣人也逃不过73和84的死亡关卡，对于普通老百姓而言，更是难以熬过去。所以，这两个年龄被视为老年人要面对的两道坎，渐渐也被引申为两个不吉利的年龄。

说完了年龄上的忌讳，再来看一看给老人过寿时的礼仪讲究，全国各地略有不同，但大体形式基本一样。下面介绍一些需要注意的事项，以免带来误会和麻烦。

按照中国传统习俗，家里要为老人祝寿，应该在宴席举办头几天就给亲朋好友送出请帖。一般来说，会采用红色纸来书写请帖，写清楚庆寿的时间、地点等。亲朋好友收到请帖后，往往会提前做好准备，等老人过寿当天，送去祝福和礼品。在礼品上，常见的寿礼有寿桃、寿面、寿酒等。

寿桃是寿礼中必不可少的物品，这种习俗起源于《汉武内传》中的西王母送汉武帝“仙桃”的故事，从此以后以桃献寿的习俗就逐渐流传开来。寿桃一般为九个，一个象征长寿，八个象征八仙，寓意是“八仙庆寿”；九个寿桃相叠一盘，共摆三盘，陈列在寿堂几案上。因为桃子不是全年都有，所以在我国民间，通常采用米粉、面粉做成寿桃的样子来代替，从而形成了寿礼寿宴上的各种寿礼命名的糕点，叫作寿糕。

寿面也是庆寿的必备品。在我国传统食物中，唯有面条最为绵长，生日吃面，表示祈求延年益寿之意。所以，无论天南地北，不分贫富贵贱，也不管男女老少，只要是过生日或做寿，总得吃一顿面食，这叫作“长寿面”。

别小瞧这一碗面，其中的习俗讲究要恰到好处。给老人过寿盛面条时，一定不能盛得太满，中国人常说“物极必反”，认为“满寿”是不吉利的。

吃寿面也有讲究，面条越长越好，吃面时不要将面条折断，正确的做法应该是用筷条将面条从碗中挑起，挑到最高点，一口吃下去。

祝寿的酒叫“寿酒”。因为“祝酒”谐音“祝久”，在后来的礼俗中用“奉觞”“称觞”来代称祝寿。杜甫《千秋节有感》：“御气云楼敞，含风采仗高。仙人张内乐，王母献宫桃。罗袜红蕖艳，金羁白雪毛。舞阶衔寿酒，走索背秋毫。圣主他年贵，边心此日劳。桂江流向北，满眼送波涛。”

民间艺术“老寿星”的寿杖上，也总是挂着一个寿酒葫芦，两棵大寿桃，这也是表示一种良好的祝愿，祝愿普天之下的老人长寿康宁。寿宴中所有的酒不分品种，都叫寿酒。在庆寿时，应先敬寿星，同时说一些祝寿的吉祥话，如“福如东海，寿比南山”“添福添寿”等话语，表示祝福，然后宾客同饮。

寿烛是寿礼专用的蜡烛，一般为红色，蜡烛面上印有金色“寿”字或“福如东海”“寿比南山”等吉祥的祝语。寿礼开始时，点燃蜡烛，既有祝贺的意思，又增添了喜庆、欢乐的氛围。

庆寿结束后，寿星也要给大家回礼，比如可以将寿桃、寿面分给大家，寓意将自己的长寿福气也分给后辈，全家人都能够幸福平安。

总之，庆寿的讲究有很多，我们充分了解这些传统的习俗文化，以免在礼仪交往中犯错误，带来麻烦。

身体发肤，受之父母

《孝经》说："身体发肤，受之父母，不敢毁伤，孝之始也。"每个人的身体都来自父母，是他们爱情和婚姻的结晶，也是他们辛勤养育的成果。因此，我们应对身体加倍爱护，不能有所损伤。

《三国演义》中，有两个故事表现了这一传统文化精神。

在一次行军途中，曹操见周围麦田成熟，便传令三军不得纵马驰骋，如有人敢践踏麦田即斩。不料，曹操的坐骑受惊后踏入麦田。曹操本想对自己军法从事，经过谋臣武将们苦苦相劝，于是割下头发代替斩首。

早在先秦时代，"割发"就属于刑罚，又名"髡"。这种刑罚其实并不会造成人的任何生理痛苦，但却有很大的侮辱性。个中道理，就在于古人认为损伤了头发，也等同于损伤父母。

另一个故事是夏侯惇奉命讨伐吕布，被敌将偷袭，用弓箭射中他的眼睛。夏侯惇忍痛拔出箭头，大吼说："父精母血，不可弃之！"然后一口吞掉了眼睛。同样体现了"身体发肤，受之父母"的观念。

古人早已远去，我们为什么还要牢记这些老规矩呢？不妨换一个角度看，从关注身体健康层面来理解。人生在世，无论是财富还是名誉，都没有健康的身体重要。只有先拥有健康这个“1”，后面无数的“0”才有意义。如果有人不爱惜自己的身体，酗酒、抽烟、熬夜，吃垃圾食品，从事危险项目……那么他就随时都在损伤“身体发肤”。这样一来，也就败坏了父母为我们准备的健康身体，辜负了父母将我们养育成人付出的辛苦。

今天的人，如何才能做到孝呢？

爱惜自己的生命健康，减少自己的安全风险，用更好的身体陪伴父母、呵护家人，这就是最好的孝顺。

父母犯错时，如何规劝

在家庭生活中，子女与父母发生矛盾是不可避免的事情，处理不好很伤感情。这些家庭矛盾，有的是子女的过错，而有的却是父母的过错。当出现后者的情况，应当怎样规劝父母呢？

作为子女，首先应多体谅父母。父母也是普通人，免不了有犯错的时候，切不可得理不饶人，与父母大吵大闹或对其不理不睬。这样做只会适得其反，深深伤害父母的心。

在《弟子规》中有这样的教诲："亲有过，谏使更。怡吾色，柔吾声。谏不入，悦复谏。号泣随，挞勿怨。"说的就是当父母有过错时，你要耐心劝说他们改正。规劝时要和颜悦色，说话要轻声细语。

大家可能都读过这个故事。古时候，有一位叫孙元觉的读书人，他从小孝顺父母、尊敬长辈，可他父亲对祖父却极不孝顺。

孙元觉的祖父年老体弱，他的父亲便把老人装进竹篓里，准备丢弃到深山中。孙元觉看见后，急忙阻止父亲，跪着哭求不要这样做。可他的父亲根本听不进去，执意那样去做。无奈之下，孙元觉跟父亲一起上了山。

他父亲把祖父放到了山上，转身就要回家，孙元觉却捡起地上的竹篓。父亲不解地问：“你要这个做什么？”孙元觉回答道：“这个我要带回去，以后等您老了，我再用它把您背上来。”他的父亲听到这样的话，深受触动，赶紧把祖父又背回了家赡养。

当父母犯了错误还固执己见时，子女仅凭耐心不一定能解决问题。这时候，我们必须懂得运用智慧、婉转的方式规劝父母，以帮助他们改正错误，解决矛盾。《后汉书》里有篇《乐羊子妻传》，其中的故事也值得我们借鉴：

乐羊子外出求学，7年不归。家里的日子很艰难，好多天吃不到荤菜了。一天，婆婆嘴馋，就把邻家的鸡偷来宰杀了。乐羊子的妻子对婆婆这种行为很不满意，但她没有正面批评婆婆。当婆婆把鸡肉端上来的时候，她伤心地哭了。婆婆很奇怪，问她为什么哭，她答道：“我很伤心，因为家里贫穷，没侍奉好婆婆，使得饭桌上有了别人家的肉。”婆婆听了，十分惭愧，再也举不起筷子吃那鸡肉了。

就这样，乐羊子的妻子以自责的方式规劝了婆婆。正因她是从关心、爱护婆婆的目的出发，并运用了委婉的方式，所以得到了良好的规劝效果。

有的父母通情达理，有了过失时，容易接受儿女的规劝；有的父母比较固执，明明错了，却硬是不肯承认，或是知错却不愿悔改。碰上这种情况，又该怎么办呢？这个时候，我们更不应和父母吵闹，而应运用智慧，想出巧妙的办法，有策略地提醒规劝父母。

无论怎样，都要记住：必须尊重父母，不能伤父母的心，否则只会适得其反。

有事没事，常回家看看

古人认为，由于结婚等原因而形式上分家，子女不再和父母住在一起，也应“常回家看看”。

早在周代，《礼》就记载了“归宁”的礼仪习俗。天子、诸侯的夫人，如果父母依然健在，就应该时而归宁，即回娘家看看。如果父母去世了，就不能归宁，但也能派人去问候其他家人。至于卿、大夫、士乃至庶民的妻子，更不会受到限制，只要得到丈夫同意，就可以回娘家看看。

古人对男性更是提倡要定时探望父母老人，政府也将之纳入法律规范体系。在唐朝，各级官员都享有“定省假”，这种假期是专门用于回家乡探望老人的。

古人如此重视常回家看看，这并非单纯的孝道和礼节。看望老人有重要的家庭意义和社会意义。

从家庭角度而言，子女看望老人、嘘寒问暖，能让老人感到被尊重、被照顾，这种良好的情绪体验对其身体健康大有好处。而老人借此机会，也能向子女传授社会经验，提出规劝和告诫，防止子女在工作和生活上犯错误，对子女的个人发展和家庭和睦也大有裨益。

从社会角度而言，子女履行看望老人的义务，既是对传统家庭家风文化的发扬光大，也是新时期社会主义核心价值观的具体体现，更是对我国《老年人权益保障法》相关法条的落实执行。

此外，如果你已经有了自己的孩子，对长辈可潜移默化地影响孩子形成正确的家庭观、亲情观、价值观。当他们成年后，也会同样前来探望那时走向衰老的你。到那时，你才会意识到，自己曾经种下“善因”，才会结出爱的“善果”。

善待邻里，近邻胜远亲

俗话说：“邻里好，赛金宝。”这大概是中国文化中对邻里关系十分贴切的形容。都说“远亲不如近邻”，邻里之间相处得好，即使大家没有亲缘关系，也能互相帮衬，互相成就，让我们的居住环境变得更为和谐。古代有“孟母三迁”的故事，可见邻居对我们的影响之大。

而今天，很多人经常抱怨邻里之间关系冷漠，甚至我们偶尔能在新闻中看到邻居之间一言不合就大打出手的情况，邻里关系为何会变得互相漠视？是因为从平房搬进楼房？是因为工作忙碌，邻里之间走动不频繁？也许是因为我们在与邻里相处时，丢掉了礼仪这个润滑剂。

生活中若想营造出“我为人人，人人为我”的邻里氛围，靠的就是礼仪，推己及人的礼仪传统。你敬人一尺，人敬你一丈，邻里关系自然越来越和谐。

古代邻里之间礼敬相处，就有“让一让，三尺巷”这种俗语，教导人们以和为贵。邻居之间互相谦让、宽容待人，或许能收获意外之喜。

古代有个叫罗威的庄稼人，邻居家的牛犊经常跑到他的地里，偷吃他的庄稼，而他几次跟邻居沟通，情况都没有好转。罗威想，牛不懂事偷吃庄稼，那就从牛入手解决问题吧，也没必要跟邻居发火，大家耕种养殖也都不容易。于是，罗威每天天没亮就出去割青草，悄悄放在邻居家的牛圈前。小牛吃饱了青草，自然不再祸害罗威家的庄稼了。

而邻居每天都发现牛圈前多了新鲜的青草，观察后才知道，原来都是罗威所为，便觉得十分愧疚。于是，邻居更加严格地看管自己的小牛，还特意做了美食送给罗威，以表歉意。两家人后来相处得越来越和谐。

像罗威这样体谅别人、为他人着想，又宽容大度的人，怎么能不受人喜欢呢？居家生活，邻里之间，每个人的生活习惯、处事方式都有所不同，而邻里之间的礼仪，就是指导我们要包容他人，互相关心，理解并尊重他人的行为习惯，心平气和地交流沟通，自然能让邻里之间“亲如一家”，关系更为和谐。

疫情期间，很多人居家隔离，在这样特殊的大环境下，邻里之间关系亲近的优势便又体现出来了。

曾有新闻报道，有个小伙子因为疫情突然被封在家里，家中食物短缺，无奈之下，他到走廊里拿了一颗邻居堆放的大白菜，并留下 20 元和字条，对自己擅自拿走白菜表示抱歉，同时感谢邻居理解，能接受他自作主张“买白菜”的行为。

邻居看到字条后，想起了对门这个小伙子，平时就很和善，在走廊遇见时也经常会笑着打招呼。邻居担心对方没有吃的，又主动敲门，送给小伙子一些食物，解了对方的燃眉之急。

邻里之间接触的机会很多，善待邻居，很多时候也是在帮我们自己。要想近邻胜远亲，让生活中多一份善意和关怀，我们应处处以“礼”为先，以“和”为贵，礼貌、宽容地对待你的左邻右舍。

走廊里与邻居遇见，可以主动点头致意，微笑打招呼，适当寒暄；当家中装修，或者有爱动的小孩，容易发出噪音打扰到邻居，不妨礼敬在先，带一些水果去邻居家登门道歉，说明家中的情况，求得对方的谅解，并在日常尽量避免打扰对方；邻居遇到麻烦，可以主动上前询问，是否需要帮忙，而接受他人帮助时，也要记得说“谢谢”“辛苦啦”；邻居家有老人、小孩，更需遵循尊老爱幼的礼仪，热情地给予照顾。

人与人之间的尊重和情感都是相互的，你先抛出谦和有礼的橄榄枝，邻居们都会敬你是个有修养、有礼貌的人，在与你相处时，自然多一份理解，多一份善意。

第二章

饭桌礼仪

菜不摆三，筷不成五

过去，在家里宴请宾朋好友时，老人们时常会念叨一句话：“菜不摆三，筷不成五。”说这句话，就是提醒操持家宴的晚辈们要注意规避禁忌，避免宾客们不开心。

这句话，具体含义是什么呢？其中有哪些禁忌呢？

“菜不摆三”，意思是即便临时招待宾客，桌上也不能只放上三盘菜。

民间喜欢偶数，认为偶数代表成双成对、吉祥如意，并由此诞生了各种吉利的说法。例如“六六大顺”“八方来财”“十全十美”等。而三、五、七这样的奇数，就没有类似的特殊含义了。

更重要的原因在于古代的祭祀文化。古代将三个菜一字排开，放在供桌上，用于祭祀先人，或者供奉神明。这种习俗是从周代开始的。周天子祭祀时用的牲畜主要为牛、羊、猪三种，它们被称为“三牲”，代表着最隆重的祭祀典礼。到了后来，无论什么级别的祭祀典礼，都开始用“三牲”，民间进行效仿，演变成三道菜。

可想而知，在过去，如果你端上三盘菜请客人吃，对方是怎样的心情了。今天，虽然很多人逐渐遗忘了这个老规矩，但主人出于对客人的尊重和礼貌，即便是“凑”，也应该凑成四菜一汤，作为对客人的基本餐桌招待。

“筷不摆五”，当然不是指五双或者五根筷子，而是说要避免出现长短不一的情形。如果餐桌上的筷子有长有短，就会造成“三长两短”的心理暗示，让客人的观感很不舒服。

另一种说法是指在招待客人时，要避免五种错误的筷子摆放方式。主要包括泪筷、粘筷、横筷、叉筷和倒筷。

泪筷，是指摆放上桌的筷子带有水，还没有擦干净，这样会显得不够干净，令人避之不及。粘筷，是指上面沾了油污的筷子，这种筷子比“泪筷”更显得不尊重客人。横筷，是指将筷子横过来放置。叉筷，是指将筷子左右交叉。倒筷，是指将筷子的尖部面向客人摆放。

如果是举办家宴，这些错误的筷子摆放方式，会让客人感到困惑，有可能认为对其不够尊重，甚至怀疑是刻意为之。这既会影响一个家庭的对外形象，也不利于家庭内部的和谐关系。

不可忽视的座次方位学

中国人自古以来就有尊左尚右，明礼秩序的传统。《道德经》有言："君子居则贵左，用兵则贵右。"讲得就是君子在平时居身相处的时候，要以左侧为贵，而在用兵打仗的场合下，则以右侧为贵。这种尊卑上下、长幼有序的传统，在君臣、宾主、庙堂、江湖等各种情况下都适用。

在我国古代，入座时的方位有很多讲究，主要分为排序原则和场合排序两个要点。

所谓"排序原则"，指的是"在朝序爵，在野序齿"，也就是说，在较为正式的公务场合下，需要按照在场人员职位的高低来排座位，区分尊卑，而在日常不是很正式的场合下，则要遵循德高望重的年长者居上位的原则，按在场人员的年龄来安排座次。

而场合排序，则需要根据不同的场合来使用座次排序礼仪。如果是在室内，则座次"坐西面东"是更为尊贵的位置。所以，时至今日，仍然有将请客吃饭说成"我做东"的说法，就是源自座次方位学礼仪。古代室内宴请，一般会有东西两个席位，将西边的席位让给客人，而主人坐在东边的席位，符合“坐西面东”为尊的礼仪，表示出对客人的尊重。这也是“做东”“东家”词汇的由来，而我们所听过的将老师、幕客称为“西席”或“西宾”，也是因为以西为尊，表尊崇、敬重之意。

中国几千年历史中，最被后人们津津乐道讲说的一场宴会——鸿门宴，在席间座次安排上，也是遵从了方位学礼仪。

在《史记·项羽本纪》中，对鸿门宴的记录是这样的：“项王、项伯东向坐，亚父南向坐，沛公北向坐，张良西向侍。”这里项王、项伯坐西面东，是席间最尊贵的座位，项伯是项王的长辈，自然可以和项王同向而坐。而亚父范曾坐北向南，属于次位，因为范曾是项王的谋士，这个次尊位置给范曾，也有对其尊敬之意。而沛公刘邦北向坐，也就是坐南面北，古代这个位置有“面北称臣”的含义，刘邦当时属于项王的下属，坐在第三的位置。至于张良，他属于刘邦身边的谋士，在席间无论从职位还是身份而言，都是最低的，所以坐东面西，在最卑下的座位上，也是符合中国传统座次规矩的。

清代学者顾炎武经过考证，得出结论：“古人之坐，以东向为尊。”这和中国的建筑有关。中国处于北纬度地区，造房子一般都是坐北朝南。古代贵族活动场所的建筑，一般都是堂室结构，前堂后室；堂室之间有一堵东西走向的墙，这堵墙靠西边设窗，靠东边设门。入室必须经堂，即所谓“登堂入室”。

不随便坐，更不要随便换座

“民以食为天”，一旦人们坐上宴会餐桌，就不能当成“吃东西”，而是看成社交礼仪。在这里，餐桌上的座位不只是位子，而是关系。

对刚接触饭局文化不久的人而言，在餐桌上很容易犯迷糊，搞不明白自己究竟能坐哪里，不能坐哪里。一旦坐错，想要换座，又会产生新的尴尬情形。其实，只要搞懂了老规矩，就能轻松自如地应付了。

你要先明白饭桌上座位的排列规律。中国人喜欢用“主”和“客”来区分饭桌上的成员种类，并决定其座位。如果你是招待方，或者帮助他们邀请了客人，就属于“主”。反之，如果你属于被招待方，或者是主要客人邀请而来的次要客人，就属于“客”。

在我国不同省份区域，“主客”的就餐具体位置有所不同，但有着共同的基本规则。一般而言，面朝宴会房间出入口的位置，就是主人座位。在这里，既能观察到每位客人的需求，也能受到客人的关注。“主”方的第二人，通常为主人的亲友、妻子、下属等，他们应坐在主人对面，背向出入口而面对主人。他们可以随时按照主人的指示，安排具体事宜，也方便招呼距离主人较远的客人。“主”方的第三人、第四人，按照关系远近，可以分别坐在主人的左手、右手，但不能紧密相邻，应该留出给客人的位置。

接下来就要安排“客”方的位置。最重要的客人都安排在主人座位的右侧，便于他和主人之间的交流沟通。次要的客人则安排在“主”方第二人的右侧。其他客人以此类推。

在此基础上，要将身份相近、性别相同、年龄相近的人员安排在一起，让主客双方的成员交叉相邻，便于交流，创造气氛。

作为主方，在安排入座时，应按照上述原则邀请和提示客人就座。如果是客方，在遵循原则的同时，也要注意按照主方安排就座。

如果不是在场者彼此都很熟悉的老朋友聚会，就座后千万不要调换位置。无论是主方还是客方提出类似要求，都会显得非常无礼，让原本和你相邻的人感到尴尬，导致整个宴会还没开始就陷入困局。即便是老友聚会时，如果想要调换座位，也要公开说明原因，比如“我和 XX 很多年没见了”“我们都喝白酒”等，并向因调换座位而引起不便的成员表示歉意。

左手倒茶，右手倒酒

在用餐时，熟悉礼仪的人已经形成了肌肉记忆。他们总是会本能地用左手倒茶，习惯性地用右手倒酒。这样的规矩是如何形成的呢?

餐桌上的茶具，不是精巧细致的工夫茶具，其体积较大，装满茶水后也比较沉重。如果是较大的餐桌，距离还可能比较远。如果只用一只手去拿，很容易失去平衡，导致茶水泼洒而失礼。因此，倒茶时应该用一只手负责倒水的动作，另一只手负责放在茶壶底部扶持稳定。大多数人以右手为主要手，更适合用来保持稳定，倒茶的工作自然交给了左手。

倒酒时，酒瓶的重量和形状都发生了变化。它不需要另一只手来负担重量，右手就能完成这个工作，左手则轻扶瓶颈，保持倒酒时的准确。

在饭桌上，有些人给自己左侧的宾客倒酒时，选择用左手来倒酒。这种倒酒姿势在外人看来很不舒服。这一动作的特点在于无须将整个身子转过去面对客人，只需扭转左手就行，因此显得特别随意，似乎是一种“顺手而为”。客人表面上不便产生异议，但内心可能觉得比没人倒酒更加失望。

茶七、饭八、酒满盅

饭桌待客时，沏茶、盛饭、斟酒要注意遵守不同的比例分寸，不能任意妄为。“茶七、饭八、酒满盅”是与此相关的民间俗语，它来自古代“敬酒宜满，奉茶宜浅”的说法。“七”“八”“满盅”，分别是指茶水、饭或酒水在各自容器内应达到的比例。

客人前来拜访，主人理应以茶招待。此时，应以倒入杯中七分为敬而不能太满。如果茶水太满，杯子又烫又重，客人接则不便，不接则失礼。就算客人顺利接到茶杯，也只是麻烦的开始。稍不留神，就会由于茶水过满而外溢，令大家尴尬不已。

如果茶杯只倒七分满，茶水水平面距离杯口就会有一定空间，足以让客人用来品鉴茶水浓郁的芳香，同时也不会烫手、烫嘴。

主人为客人盛饭时，也与敬茶有同样的情形。如果将饭盛满，客人接饭碗时就容易碰到米饭，或者导致饭粒落下。此外，满满的饭碗无处放置可口的菜肴，结果菜肴只能在米饭上堆起来，显得一桌子上只有客人是“吃货”，这会让对方内心哭笑不得，或者觉得主人是有意在戏弄他。

在倒酒时，“七”和“八”的比例就远远不够了。斟酒就应该斟满，只有满杯的酒，才能显示出对客人的尊重、恭敬，表达主人的热情、豪爽。如果倒酒不满盅，会显得非常寒酸，让人疑心主人是舍不得酒，更是舍不得菜。

清朝时，有个文人叫石成金，他编写了一部《笑得好》，专门收录当时流传的笑话段子。有个段子是这样说的：

有人去赴宴，主人为他斟酒，每次只斟半杯。这人诙谐幽默地说：“尊府有锯子吗？可否借我一用。”

主人很奇怪，好好的饭局，要锯子作甚。

客人指着面前的酒杯说：“既然这杯子上半截不能盛酒，我就将它锯去，留它空着有何用？”

这虽然只是段子，但却反映了古人也同样遵循酒要满盅的习俗，如果违反，就会被编排成笑话，到处传扬。

尊卑有序，敬酒有讲究

常言道“无酒不成席”，以酒会友、以酒传情体现了中国人热情好客的真性情，而中国人也习惯在酒桌上运筹帷幄、交友谋事。在酒文化唱主角的宴会桌上，我们经常看到有些人几杯酒的功夫就能谈成大事，而有些人杯酒下肚反而得罪了宾客，最后尴尬收场。其中效果的参差，就在于举杯敬酒的礼节。

古时候人们为了联络感情、增进人际关系，经常会联络乡社之间的人举办宴会，通过饮酒聚餐的方式，让乡里乡亲更加熟悉亲近。在这样乡饮的场合中，按照尊卑关系自上而下地劝酒，参与的宾客也可以按照年龄长幼顺序，依次互相敬酒。

虽然随着时代的变化，一些古代饮酒规矩在今天已经不再适用，但敬酒礼节中敬人谦己、尊卑有序的规矩，从古至今未曾变化，仍是我们今天纵横酒桌、宾主尽欢的通行证。

《礼记·乡饮酒义》敬酒流程和礼仪有这样的评价：“知尊长养老，而后乃能入孝弟。民入孝弟，出尊长养老，而后成教，成教而后国可安也。”就是说，通过这样互相敬酒，能让人与人之间学会互相尊重，明白尊老爱幼、长幼有序、恭敬谦让的道理，这样以敬酒来教育人知礼，自然能促进国泰民安。

可见，古代礼仪文化就将敬酒视为一种调节气氛、促进情感的交流手段。饮酒不是目的，通过有礼有节地饮酒，以敬酒之姿，传敬人之情，才是酒之礼的核心。

然而，今天有些人在敬酒时虽有尊卑有序的意识，但在行动中屡屡犯错，不会因时因地运用敬酒礼仪，导致酒没少喝，人却得罪了不少，酒桌上的人脉资源，迟迟难以拓展。针对这种情况，需要我们更灵活地将古代尊卑有序、敬人谦己的敬酒礼仪，与今天的社交实景结合起来，让别人在简单的一杯酒中，感受到你的尊重与恭敬。

类似这样的酒局，依照尊卑有序，先向领导敬酒没错，但是现场有客人在的时候，则需按远近亲疏，先敬客人中的领导，再敬客人中的陪同人员，然后再敬己方。

除了身份地位上的尊卑有别，酒桌上需要向长者敬酒的情况也比较多。而敬酒之礼，在长幼之间也有规矩。

今天我们给他人敬酒时，也要遵守老规矩，按照次序敬酒，以表敬重和谦虚。敬酒之礼，要先给长者尊者敬酒，先给职位较高者敬酒，先给远道来客敬酒；敬酒之时要一视同仁，一一给所敬之人斟酒；在举杯与人碰杯时，需注意酒杯举起的高度要比对方的杯沿低，如果超过对方杯沿，则有不敬之意。如果我们离想敬之人座位比较远，也可以采用酒杯轻碰桌面的方式，代替碰杯。

酒桌之上，喝酒不是目的，如何在举杯饮酒之间，通过敬酒传递我们内心尊重、亲近、感谢等多种情感，让他人在杯酒中感受到我们的谦和有礼，才是中国敬酒礼仪文化的精华所在，也是今天酒桌上必须懂的规矩。

正敬酒，侧饮酒

敬酒，是中华餐饮文化中源远流长数千年的礼仪。古人宴会饮酒时，敬酒分为“献”“报”“酬”三部曲。首先由主人向宾客敬酒，这叫“献”。客人喝完酒，要回敬主人，这叫“报”。然后，主人再先干为敬一次，这叫“酬”。这三部曲结束了，酒席才算正式开始。

21世纪的饮酒礼节，自然不必如此程序化，但敬酒这件事的规矩依然重要，尤其是敬酒姿势，更体现出一个人的文化素养。

敬酒时，敬酒者应起立举杯，挺直上身，双腿站稳，目视对方。敬酒全程的态度应大方热情，将视线集中在被敬酒对象面部下方，不应目光飘忽。敬酒者要面带微笑，左手托杯底，右手握杯身，向对方敬酒。此时，可边说一些祝酒的话，边和对方碰杯后饮酒。饮毕，也不要立刻坐下，而是向对方展示杯中酒减少的程度，并与对方眼神交流致意后再入座。

饮酒和敬酒的礼仪恰恰相反。敬酒应该以正对为宜，但饮酒时千万注意不要正对敬酒对象。如果大大咧咧面对别人一饮而尽，在严肃或者高端场合是相当失礼的行为。尤其是敬酒对象的社会地位、年龄都比你高的情况下，这种行为是对别人的冒犯。

在饮酒的礼仪上，古人为我们做了榜样，在京剧中就能窥见端倪。

京剧里的很多角色都有饮酒戏份，除了妖魔鬼怪、绿林好汉等少数角色，“正常人”都无一例外地要抬起衣袖、遮挡面部。

例如，刘备、曹操会用袍袖遮挡饮酒，诸葛亮用羽扇遮挡。《打渔杀家》里的倪荣用折扇遮挡，萧恩是渔民，没有袖子和道具遮挡，但他在演出时也要用手掌遮挡饮酒动作。

艺术来源于生活。古人饮酒，确实要回避张口饮酒的形象，不能以此对着宾客，否则就是典型的失礼行为。

今天，我们在参加宴饮活动时，虽然无须用物品遮挡自己饮酒的动作。但起码应该懂得敬酒后稍微侧身喝酒的道理。在面对老人、前辈、长者时，采用这样的饮酒姿势，能传递出一种无声的尊重，也是在向周围所有人展示你的文化底蕴和社交素养。

酒杯的高度不要超过长辈

饭桌上，敬酒时相互举杯是重要的礼仪环节。在古代，这个礼仪被称为“合樽”。《史记·滑稽列传》里淳于髡说的“合樽促坐，男女同席”，《文选·左思》里说的“合樽促席，引满相罚”，都与此有关。

古人“合樽”并不碰杯，今人吸取了西方餐饮礼仪，有时还会让酒杯相碰。无论碰还是不碰，举起酒杯的高度都很重要。

据说，在战乱纷争的古代，在宴会的酒杯里下毒谋害别人是很常见的事情。地位较高的人在参加宴会时，经常会利用“合樽”的机会，让自己酒杯高于对方的酒杯，将酒水溅入其中。如果此时对方还是会喝下，说明酒里没问题。

后来，尽管酒里下毒的事情越来越少，但礼仪却保留了下来。凡是地位较低的人见到地位较高的人，都会主动将杯子放低，以显示尊敬。

当然，在酒宴上，杯子也不是越低越好，其中的老规矩具体如下。

如果对方是你的长辈或者是领导，其社会地位比你高，那你就应该将杯子放得比对方低，以显示尊重。

如果对方资历比你年轻，或者是你的下属、学生等，你可以将杯子和对方放平，或略微将杯子放低一点，表示谦逊，但不必过低。当你想要鼓励晚辈时，可以伸出手，将对方的酒杯稍稍往上托，使其与自己的齐平或者更近一点儿，这样就能体现出自己的平易近人和大度宽和，也能让气氛变得更加和谐。

如果尚未清楚对方年龄、身份，通常都要将杯子比对方略低，表示谦逊待人。

需要注意的是，如果自己是男性，对方是女性，且年龄、身份相仿，作为男性应表现出一定的谦逊风度，适当压低杯子，表现自己的社交素质。

聚会迟到，要自罚三杯酒

“罚酒”是宴会的重要环节。每当大家谈到有趣之事，或者打起“酒官司”时，最终往往会以“罚酒”来告一段落。不过，“罚酒”也有老规矩：聚会迟到，必须自罚三杯酒。

宋代的《太平广记》上记载了一个故事：

唐朝有个大官叫裴均，他的侄子只是个驿站的小官，叫裴弘泰。有一次，裴均请客，发请帖的人忘了裴弘泰。宴会那天，裴弘泰匆匆赶来时已经迟到了。

裴均不高兴地说：“你啊，怎么迟到了，罚酒罚酒。”

裴弘泰说：“我没有接到请帖。不过如果真要罚酒，请您将银酒器全部斟满，我喝干的酒器，您就赐给我。”

裴均并不知道这侄子有多大酒量，欣然同意了。于是，裴弘泰一边喝罚酒，一边收拾银酒器。最后，他居然“顺”走了叔叔二百两的银器。

这个故事体现了古人的饭桌规矩，那就是迟到必须罚酒。即便由于客观原因。

或许你会问，这样的规矩是什么时候开始的呢？说出来你可能不信，早在两千多年前的春秋时代，中国人就有了这个风俗。

《韩诗外传》记载说，春秋五霸之一的齐桓公，请群臣吃饭时，就规定“后者罚饮一经程”。“后者”就是来得迟的人，“经程”是一种装酒的容器，现在已经失传了，但当时容量应该不小。

这本书还说，某次管仲迟到了，也得罚酒，他喝了一半喝不下，就要赖皮，把另一半倒了，还说“与其弃身，不宁弃酒乎”，意思就是我喝坏了身体不如浪费酒。以管仲在齐国的政治地位，齐桓公当然不好追究，其他人自然更不能多说了。

不过，大家都是普通人，在各自的社交圈子里应该远算不上管仲，最多也只能算个裴弘泰。所以，无论什么原因，如果你迟到了，耽误了大家的时间，那就应该主动承担“责任”，先喝上三杯再说。

再说，当你真的喝了下去，别人会确信你的人品和素质，你也给足了大家“面子”。接下来的饮酒过程中，他们也不会太过“为难”你，身体、感情和素质就全都保住了。

茶壶嘴不能对人

在高档的中式餐厅，餐桌上摆放的茶壶并不简单，其造型古色古香，有茶壶盖、茶壶柄，也有弯曲的壶嘴。请记住，无论何种情况，都不能将茶壶嘴冲着别人，否则就会严重失礼。

按照传统说法，沏好了一壶茶端上桌，茶壶壶嘴对着谁，谁就会“倒霉”。这种说法来自“壶嘴”的谐音“虎嘴”。从原始人到今天，谁都不愿意被“虎嘴”对着，自然也不应该将“壶嘴”对着别人了。

过去的家长会严格约束孩子。不允许孩子乱动茶壶，更不能听任他们将茶壶嘴对着来客。如果孩子犯类似错误，家长会立刻批评孩子：“看你这倒霉孩子，怎么能将茶壶嘴对着客人？”然后马上向客人道歉并予以纠正，还要再次教育孩子。

从现代科学观点来看，茶壶嘴往往尖锐、细长，而且会散发出热气，对着客人既不礼貌，也不美观，还会增加客人的心理压力，让他们觉得自己并不受欢迎。

有时候，坐了满满一桌子客人，为了便于续水，茶壶要放在正中间。茶壶嘴要对着谁呢？对着谁都是失礼的，主人只能对着自己。当然，如果你不是主人，而是客人，在为他人沏茶之后，就要主动将壶嘴对准自己。此时，身为主人，则要出手旋转茶壶，重新让壶嘴对着自己。

不要觉得这些规矩很麻烦，说出来由，你可能会吓一跳。“茶壶嘴不对人”这件事，已经有了两千多年的历史，来源正是大名鼎鼎的《礼记》。

《礼记》是儒家经典“四书五经”中的一部。它成书于先秦，属于当时的“六经”之一。在《礼记》中的“少仪”篇，有一段专门讲述古时宴会的礼仪，其记载是这样说的“尊者以酌者之左为上尊。尊壶者面其鼻。”

尊者，是当时准备宴会时陈设餐具的人。酌者，是宴上负责倒酒的人。《礼记》时期，中国人还是分餐制，每个人都有一张桌子、一套餐具、一把酒壶。所以要有人提前陈设好。《礼记》对他们的工作内容提出了具体要求。

第一句是说，尊者要将酌者的左手方向作为上位，即距离酌者左手越远，才越是尊贵。重点在于第二句。“尊壶者”，就是陈设酒壶的人。他们在布置酒壶时，要注意让宾客面对壶鼻。壶鼻，就是古人对壶柄的称呼。《礼记》规定了面对壶鼻，自然是指让宾客面对壶鼻，将壶嘴朝向外面，这才是待客之道。

没想到吧，“茶壶嘴不能对人”的习俗看似普通，却有着悠久的传统。

长辈不动筷，晚辈不能动

《吕氏春秋》记载了一段故事：当年，孔子在陈、蔡之地被困，师生连野菜汤都喝不到。孔子七天没有吃饭。

孔子白天睡觉。颜回外出讨米，讨来米后立即下锅煮。饭快熟时，孔子从远处看见他突然伸手从锅里抓了一把饭，狼吞虎咽地吃掉了。孔子假装没有看见，等颜回盛饭上来时，孔子突然说："我今天梦见先父，如果食物干净，我想先祭祀他。"

颜回立即说："不行，刚才炭灰落进了饭里，我舍不得丢掉那团饭，就自己抓起来吃掉了。"

孔子原本想测试颜回，却问出了实情，明白自己错怪了学生。他感慨地说："知人固不易！"

这个故事也从侧面记录了古老的就餐礼节：长辈不动筷，晚辈就不能吃。

在古代，长辈代表着家庭的对外形象，也是家庭内部的核心。作为孝道的具体表现，当大家就餐时，如果长辈没有动筷子，晚辈就不能先吃任何菜，否则就是违反孝道。

今天，如此规矩依然值得传承。

从情理上说，长辈为家庭辛勤操劳了一辈子，可能饭桌上的菜肴也是他们精心准备的，理应尊敬他们的付出，请他们先吃。

从现实角度看，现在的家庭结构，除了老人，子女辈往往是初代独生子女，孙辈则大都是二代独生子女。在家庭聚餐时，子女如果没有顾及老人是否动筷子，就自顾自吃起来，即便老人不说什么，也会对孙辈造成不良影响。他们会忽视“谁先吃、谁后吃”的传统约束，养成任性随意的习惯，只要饭菜上桌，想吃就吃，想喝就喝，全然不顾他人。

须知，家庭就是小社会，社会就是大家庭。当这样的孩子长大成人，面对学校里的导师，职场上的领导，也保持同样的随意习惯，他们会得到怎样的评价呢？

养成“长辈不动筷，晚辈不能动”的礼仪，不仅是尊重长辈和自己，同样是为了孩子的未来。

吃相反映一个人的修养

餐桌上的礼仪有很多，端碗、执箸、敬酒、奉茶都各有规矩。除了这些举手投足上的礼节，餐桌“吃相”是否优雅，也是传统礼仪中评判一个人是否礼貌、端庄、有素质的关键。

《礼记·曲礼上》中记载了一段用餐礼仪：“毋抟饭，毋放饭，毋流歠（chuò），毋咤食，毋啮骨，毋反鱼肉，毋投与狗骨，毋固获，毋扬饭。饭黍毋以箸。”

这句话的意思是，吃饭的时候不要一次拿很多饭，捏成一个大饭团自己吃，这是一种自私且无礼的行为，而且你用手抓过的饭食再放回去，手上的汗液污染了饭食，让别人怎么吃呢？喝汤不要喝得满嘴汤汁，要一勺一勺慢慢喝；吃饭和带骨头的肉食时，也不要吧唧嘴，或者发出啃食声，更不能将自己咬过的鱼肉等食物放回公共容器中；吃饭时不要把骨头扔给地上的狗，这样做就等于看不起主人的供给，有轻贱的意思；面对一桌子菜，也不要只吃自己喜欢的菜，这会让人觉得你很贪心；如果遇到饭很烫，就稍等凉了再进食，切不可又扇风又扬饭，这样着急的样子，会让人觉得你很久没吃饭了。另外，吃相礼貌的人，要学会正确使用餐具。

从《礼记·曲礼上》这一段关于用餐礼仪的记录中，我们能感受到传统文化中对进食之礼较高的要求。除了《礼记》这样专门写礼仪的著作，在《论语·乡党》这样的儒家经典中，也有“食不言，寝不语”的说教，教育人文明用餐要尽量少说话，避免唾液飞溅到食物或其他人碗中。

传统礼仪文化视角下，用餐时吧唧嘴，对着别人咳嗽、打喷嚏等都是无礼的表现，会给人留下粗俗、没有礼数的印象。无论古今，这样糟糕的餐桌礼仪，都会让别人敬而远之。

《红楼梦》讲了富贵人家贾府中奢华的生活，书中一众公子小姐的言行举止，都给人以文雅、优美的印象，却也有行止粗俗，让人一看就生厌的人。其中，薛蟠之妻夏金桂，就是《红楼梦》中少有的缺少教养、不懂礼数之人。夏金桂的泼妇跋扈之气，从其恶劣吃相上就可见一斑。

夏金桂虽出身户部世家，是数一数二的大户之家，却从小被寡母纵容，没有获得好教养。平生爱啃骨头的夏金桂，喜欢用油炸焦骨头下酒，还经常一边啃骨头喝酒，一边肆意谩骂手下的丫鬟和身边人。她啃骨头时骂人的不雅吃相，任书中谁看了，都觉得她不是善类，光是这副恶劣吃相，就让人退避三舍。而曹雪芹对夏金桂唯我独尊、不守礼法规矩的娇惯性格的描写，也因为夏金桂这副糟糕吃相而生动起来。

其实，现实生活中也有很多如夏金桂这样不讲究吃相的人，他们不懂社交吃饭的礼仪规矩，经常在一顿饭的工夫就把人得罪光了，而自己却还浑然不知。练就一副好吃相，首先要注意进食时少说话，现代礼仪虽无须“食不言”，但为了避免边吃边说导致口中食物喷溅的不雅，我们可以小口进食，想说话时，等口中食物咀嚼完咽下去，再进行交谈。其次，讲究吃相的人，不会在吃饭时做出对着别人打喷嚏等这类不雅行为。餐桌上咳嗽、打喷嚏时，则需用手遮住嘴，把头偏向身后，并且不要对着别人。最后，好吃相必然文雅，文雅则无多余声响。进食时无论是咀嚼食物，还是拿放碗筷，都尽量不要发出声响，细嚼慢咽、轻拿轻放，才能给人从容文雅的感觉。

饭到嘴里不忘礼，掌握以上进食礼仪，你就能拥有一副让长辈、朋友都喜欢的吃相，收获彬彬有礼、家教有方的好评价。

饭桌上吃鱼不能“翻”

与动辄几副刀叉轮番使用的西餐宴会礼仪相比，在“吃”的动作上，中国人的饭桌规矩相当人性化。以荤菜而论，中餐饭桌上少不了鸡鸭鱼肉，只要用好筷子，就都能吃得美观、大方、礼貌、得体。

不过，有一种菜，筷子是不能乱用的，那就是鱼。

在我国，吃鱼的时候必须从上层开始吃起。上层吃完了，要用筷子将鱼骨轻轻提起弃置在吐盘或桌布上，再继续吃下层。

可是，有人偏偏喜欢自作主张，夹住鱼头用力一翻，把鱼的反面带着汤汁翻过来，然后带着得意的神情，招呼周围人一起吃。殊不知，这已经犯了餐桌上的大禁忌。

《晏子春秋》记载：

春秋时期的齐景公，和晏子来到纪国故地游玩，捡到一只华美的铜壶。打开看时，里面刻着两句格言：“食鱼无反，勿乘驽马。”

齐景公觉得这格言很有道理，但晏子说，如此好的格言，却刻在壶的里面，可见纪国的覆亡是必然。

从这样的故事可看出，“吃鱼不翻面”从春秋时就已经成为我国饭桌文化上的规矩了。近代的渔民禁忌，更是为此增加了民俗色彩。

我国沿海地区，有着悠久丰富的渔民文化，许多家庭的祖辈都靠出海辛勤捕鱼养活一家老小，延续了家族的血脉。即便后人早就不知捕鱼之事，开汽车，住别墅，在“大厂”上班，但饭桌上的规矩却从未改变。他们牢牢记住祖辈的教导：吃鱼不能翻，翻鱼就可能翻船，翻船就必然是灭顶之灾。

他们见到吃鱼翻身的行为，可能会本能地感到被冒犯而心生厌恶，造成相互之间情感的疏远。即便不会有如此大的反应，他们也可能会认为翻鱼者缺乏礼仪素养，没有充分的社交经验，不会对这样的人充分信任。

即便不是在沿海地区吃饭，“翻船”也依然可能是一种隐喻，意味着事业不顺、财运不佳等。你并不清楚饭桌上哪些成员忌讳这些，因此同样不要轻易去翻鱼。

劝菜不夹菜也是一种礼仪

在饭桌上，主人劝客人多吃菜，或者多品尝某种特色菜，是对客人展现热情和关心的好办法。但过犹不及，如果抢着为客户夹菜，即便不考虑卫生问题，也会有失礼仪。

你应记住“劝菜不夹菜”的规矩。每当上一道新菜时，你可以向客人介绍其特点，比如使用的食材有何特色、制作方法有何过程、在当地的名气如何，并建议他们品尝一下。客人听到这样的建议，如果对菜品没有反感，都会加以品尝。如果他们口头应承，但却没有行动，就说明另有原因，你也无须细问。

实际上，客人不主动夹菜，很可能是由于无法接受食材的口味或烹饪方法，但又不愿明说。此时，你就没有必要以餐具夹菜给客人。如果你强行夹给他，他既不能拒绝，又不愿意吃，就会陷入左右为难的境地。

“劝菜不夹菜”，早在清朝乾隆年间就被人提倡，提倡者正是鼎鼎大名的诗人、文学家、美食家袁枚先生。在《随园食单·戒单》里，袁枚对这类问题大发议论：“治具宴客，礼也。然一肴既上，理直凭客举箸，精肥整碎，各有所好，听从客便，方是道理，何必强让之？常见主人以箸夹取，堆置客前，污盘没碗，令人生厌。须知客非无手无目之人，又非儿童、新妇，怕羞忍饿，何必以村妪小家子之见解待之？其慢客也至矣！”

这段话的意思是说，准备宴会招待客人，原本就是一种社交礼仪。每上一道菜，应该听从客人喜好夹菜，客人喜欢吃什么就夹什么，这才是对客人的尊重。而现在更常见的是主人用筷子夹了菜，堆在客人的盘碗中，非常令人讨厌。客人又不是没眼睛、没手，也不是儿童和新媳妇那样害羞，何必像村妇那样招待他们呢？这种行为对客人的怠慢，真是到了极点！

袁枚一生喜欢研究饮食文化，交游广泛，他说这段话，必然是有着感同身受的直观体验。无论什么时代，人性都是相同的，主人在饭桌上强行夹菜，实在破坏同桌就餐者的体验，不符合礼仪，也拉近不了彼此的感情。

夹起来的菜不要往回放

在餐桌上，每个人都可以用筷子夹喜欢的菜吃，但千万要记得避免“半途筷”。

“半途筷”是指就餐者用手中的筷子夹了某道菜，夹起来后又觉得不好吃，或者有了新的“目标”，就顺手将之放回盘子里。这种做法，在餐桌上很不礼貌，会让周围人讨厌。

参加宴会不是去超市购物。在超市，我们能将放进购物车的商品再放回货架，这是规则和道德都允许的。但餐桌上，你的筷子进过嘴巴，夹过的菜也就相当于接受了你的“洗礼”，再放回盘子里，别人是选择吃这道菜，还是不吃呢？显然，这种操作令人想想都难受。

其实，夹起来的菜，哪怕你无法接受，也应该把它放到自己的碗碟中。然后，你可以当它们根本不存在，不用去理会。就算最后浪费了这一口菜，也比将它们放回盘子好得多。

端碗吃饭讲究多

《礼记·礼运》中有言："夫礼之初，始诸饮食。"中国人爱好饮食已闻名于世，世人皆知中国人讲究食物的色香味，但中国"吃"的文化远不止于此，除了吃的滋味和内容，中国人还要求吃得有修养、有文化、有礼貌。

吃饭是中国人生活中最日常的琐事，而在古代，对餐桌饮食就有较为严格的规矩和礼制。古人认为，一个人端碗拿筷子的一举一动，就是这个人品德修养的一面镜子，小细节看出大修养。而传统礼仪中，即使针对端碗这个细节动作，亦有严谨的要求。

饮食规矩，洁净为先。传统礼仪文化对席间饮食、端碗礼节，就有比较高的个人卫生方面的要求。在《礼记·少仪》中这样说："洗、盥、执食饮者，勿气。有问焉，则辟咡而对。"也就是强调，我们在手里拿着食物、端着碗时，要注意屏住呼吸，避免对着宾客或者食物大口喘气。如果吃饭时需要和身边的宾客进行交谈，要注意侧转头，保持自己说话时，朝向宾客嘴和耳朵之间的位置。像这样端碗交谈时的礼仪要求，能很好地避免口气污染餐食，也能避免给交谈者带来不良的沟通体验。

此外，《礼记·少仪》中对餐桌上的端碗礼仪还有"凡齐，执之以右，居之以左”这样的要求。也就是说，如果需要用调料调制羹汤类的菜肴，我们要用右手端碗，用左手托捧，双手保持碗的平衡，这样不会让菜食汤汁洒出来。类似这样的古代餐桌礼仪，并没有因为时间的流逝而消失。时至今日，这些传统礼仪规矩，仍是衡量一个人是否有礼貌、有家教的标准。

日常餐饮场合，我们在吃饭端碗时，可以用大拇指按住碗口，同时四指扣于碗底，保持手心空着的状态。端碗的时候要注意避免手心朝上，因为手心朝上端碗的姿势，在传统文化中被视为不吉利，有乞讨的含义。手心朝上端碗，或者用一只手托着碗底端碗，不但寓意糟糕，也会被视为没有家教。所以，无论是教育孩子，还是我们自己外出参加宴会吃饭，这种手心朝上的端碗姿势，都是不可取的无礼行为。

另外，我们在吃饭时，也注意不要将碗放在桌子上，一手扶着碗，低头伏在桌子上吃饭，不要把嘴凑到碗边吃东西，这都是很不雅观的行为。而吃面条、馄饨等大碗食物时，虽然可以将碗放在桌子上，不用端着碗，但须用筷子或勺子从碗里夹取或盛取，再吃进嘴里，这才是比较有礼貌的进食方式。

餐桌礼仪，一碗一筷中见修养。学会端碗礼仪，才能让人在一端一放的细节动作中，看出你懂事、有礼貌和守规矩。端碗礼仪端的不仅是一碗饭，还有你的优雅形象、家教礼仪。学好端碗礼仪，给别人留下好印象的同时，也是在向他人展示你的家庭文化底蕴。

添饭忌说“要饭”或“再要一碗”

20世纪90年代初，某地酒店行业爆出过这样的新闻：

有位年近古稀的老人，在家人陪伴下，于当地的高档酒店用餐。酒酣耳热后，家人请服务员先为老人添饭。服务员张口即问：“老先生，你要多少饭？”

老人气得眼睛一瞪：“我七十了，没要过饭！”

家人也是纷纷指责这个服务员根本就不会说话。

现在的服务行业，经过不断培训和竞争，已不会出现这样的笑话了。但作为普通人，同样要引以为鉴。参加饭局时，谁都难免遇到主动帮助他人盛饭、添饭的情形，需要提出类似问题。此时，应千万避免用“要饭”“再要一碗饭”这样的语句。

“要饭”，是汉语对“乞讨”的俗称。出现在饭桌上，只能说明使用者根本没有用心了解过就餐礼仪，也丝毫不注意语言禁忌，这会造成不必要的矛盾，使主客双方都很尴尬。

除了“要饭”外，一些类似的餐桌禁忌用语，也应提前加以了解。比如，沿海地区或从事水运行业的人士用餐，不要说“盛饭”，这是因为“盛”和“沉”谐音。

又如，有人不小心打碎了杯子、勺子之类，要及时说“岁岁平安”这样的吉利话。还有类似“你吃不吃醋”这样的语言，可以用“用不用醋”来替代。

语言是心灵交流的桥梁。强调饭桌禁忌用语不是迷信，而是尽量避免人们的不快联想。当所有人的心灵交汇变得融洽起来，这顿饭也就会更加愉快。

以食就口，不能以口就食

“以食就口”和“以口就食”，仅有一字之差，形象和意义却大不相同。“以食就口”，是指将食物拿到嘴边再吃，人的坐姿正常挺拔，略微前俯。而“以口就食”则是指将嘴巴凑到碗碟旁边吃食物，腰背弯曲，脖颈向前伸。

显然，“以食就口”的形象比“以口就食”要美观、大方、得体，能充分彰显个人素质，也能表现自己对用餐场合的重视。

为便于“以食就口”，在饭桌旁就座时要注意挺直腰身，这是确保用餐姿势优雅的基础。当你坐下时，身体应该紧靠椅子，并对椅子的位置进行适当调整，使之与饭桌边缘的距离最为适合，能确保你挺直腰身，“以食就口”。

“以食就口”的良好仪态，很容易在用餐时受到一些小动作的干扰而被破坏，对此必须尽力加以避免。例如，有的人边吃边整理耳边头发，自己并不在意，但其他人却会感到非常嫌弃。更重要的是，当你摸头发时，随着注意力的分散，很可能不由自主地将头部向汤勺或碗碟俯就过去，从“以食就口”变成“以口就食”。

为了保持正确的用餐姿态，进餐中要注意规范化的举止行为。当你进餐时，不应将手和手肘的重量全部放到餐桌上，尤其在高级餐厅举行的宴会上，更不应该如此。当你用筷子夹取食物时，也不要将胳膊肘、手腕放到餐桌上，而是用左手稳住碗碟，右手将菜夹入碗碟里，再重新挺直腰身，用筷子、勺子或刀叉将食物送入口中。

即便在用餐间隙，如果是和邻桌交谈，或者参加敬酒结束，也不要将手放到桌上，而是要时常放在膝上。这样就能避免人体不由自主向餐桌上前倾，而是让重心后靠，维持“以食就口”的良好姿势。

规矩藏箸中，一抬一落有礼数

筷子在古代又称为“箸”，是中国文化的代表物品之一，也是东方文明的标志物。在中国千年饮食文化和餐桌礼仪中，筷子一直占据着重要位置，它既是寻常生活中的饮食工具，也是中国礼仪文化深刻内涵的一个缩影。

中国人使用筷子的历史可以追溯至商朝。在《韩非子·喻老》中说：“昔者纣为象箸而箕子怖。”纣王是商朝末期的国君，可见三千多年前的中国就已经出现象牙筷子。筷子并不是一开始就被称为“筷”，而是从先秦到汉代，经历了由“梜”到“箸”名称上的转变。后来古人觉得“箸”和“住”谐音，有停止的意思，寓意不好，尤其是江南水乡的船家忌讳“住”，才将其改称为“筷”，取“快”之谐音，寄托了对“行船畅快无阻”的美好愿望。

筷子作为中国文化与智慧的结晶，不但在名称演变上有历史可循，就连执筷也有一系列礼节规矩，以指导人们如何正确、优雅地使用筷子。古人重礼，在礼仪规矩制定上多有其独特的文化思考，传统礼仪中很多使用筷子的规矩，既关乎礼仪行为，又涉及中国人的哲学思辨。可谓一抬一落有礼数，很多执箸礼仪传承至今，仍然适用。

首先，传统礼仪讲究拿筷子要成双，不可用单只。因为古人有“一分为二，合二为一”的说法，认为“一是太极，二是阴阳”，阴阳配合才能开合自如，筷子要成双成对使用的礼仪规矩，蕴藏着博大精深的中国式哲学。

其次，传统礼仪讲究筷子不能倒着拿。因为标准中国筷子的形状都是“上方下圆”，取得是“天圆地方”的含义。结合《周易》学说中“地天泰卦”“天地否卦”的说法，筷子倒着拿，方圆调换，也就是天地对调，这被认为很不吉利。而且一般筷子做成顶端方形，下端圆形，就是为了夹取食物稳当。倒转拿筷子既不稳当，也不卫生，在古代亦被视为无礼的表现，今天也是如此。所谓“无规矩不成方圆”，执箸的规矩，也在这方圆之间。

另外，筷子使用时要注意摆放整齐，不要横竖交叉或者单只筷子头尾颠倒放置，这样既不卫生，也不美观，无论古今，都属于没礼貌的行为。还有一点被很多人忽略的筷子搁置规矩，那就是如果进食到一半，需要落筷，可以将筷子竖着，并排放在碗的右侧，如果已经进食完毕，则可以将筷子整齐地放在筷架上。特别需要注意的是，筷子不能横着放在碗碟上，横放这种随意的方式，只适合平辈或熟悉的朋友之间使用。

中国传统礼仪中关于筷子使用的学问远不止以上几点，而是延续至今天我们日常使用筷子的每个细节中。总之，小小的一双筷子，承载着中国数千年的礼仪文化和处世哲学，我们只有熟悉执箸礼仪，才能在任何场合都做个有礼貌、有素质的人。

使用筷子的禁忌

筷子，是中华民族传统餐具之一，有着悠久的历史，更蕴含着丰富的文化内涵。

使用筷子时，应采取右手持筷子。大拇指和食指捏住筷子上端，其位置要适中，既不能过高，也要避免过低。其他三个手指自然弯曲扶住筷子，确保筷子的两端要对齐。

饭桌使用筷子时，有一些禁忌需要加以避免。

第一，避免食指伸出。有人拿筷子的姿势不正确，他们用大拇指和其他三指捏紧筷子，但食指缺乏用力、远远伸出。此时，饭桌上所有人都会感觉自己在不停地被用食指指点，仿佛是在受到指责。

第二，避免吮筷。有人未能养成正确的用餐习惯，时常会将筷子的一端含进嘴里，吮吸汤汁。这种行为是非常无礼的，不仅不雅，还会让同桌其他人感到恶心，破坏美好的用餐气氛。

第三，避免敲打碗碟。如果在用餐时以筷子或其他餐具敲打碗碟，会让人们联想到过去的乞丐，只有为要饭而引发他人注意时，乞丐才会用筷子击打要饭的饭盆，再加上嘴里的哀告，让行人主动施舍。这种行为无论在何种场合，都会令人不适，甚至引发矛盾。

第四，以筷插取食物。面对有些不便夹取的食物，有人自作聪明地用筷子插入食物，将之变成“叉子”使用。殊不知，这种举动是对同桌所有人的不敬，同样让人感到嫌弃。

第五，筷子插饭。无论是帮助别人盛饭，还是自己的饭碗，都不能将筷子垂直插入其中。在过去，这是为了祭奠死者而刻意摆出的造型，在饭桌上属于非常严重的不敬行为。

筷子是中华民族伟大的历史文化遗产，承载着每个中国人的归属感。即便华人漂洋过海，在异国他乡开枝散叶，筷子依旧会出现在饭桌上。讲求筷子的礼仪，是每个人吃好饭、做好人的基础。

会餐必须用公筷

世界餐饮文化体系中，分餐制与合餐制是两大流派。在合餐制中，出现了公筷。

唐代以前，我国的宴会形式绝大多数都是分餐制，每人有自己的席位和一套餐具。唐朝后，从胡床到后来的凳子、椅子、桌子，逐渐改变了餐饮形式，数人围桌而食的情形越来越多。就这样，合餐制发轫于民间，很快又传播到上层社会。

我国历史上第一次明文记载公筷，出现在南宋，明代田汝成在编撰《西湖游览志馀》里有记载。这本书说宋高宗赵构用膳时“必置匙箸两副，食前多品，择取欲食者，以别箸取，置一器中，食之必尽。饭前则以别匙减而后食。吴后尝问其故，曰：不欲以残食与宫人食也”。

宋高宗虽然政治上保守无能，听信谗言，杀害忠良，但在生活细节上却非常值得称赞。他每顿饭都要摆上两双筷子、两把勺子，其中一双筷子作为公筷、一把勺子作为公勺。对自己爱吃而且能吃完的饭菜，他就先用公筷和公勺分到自己的盘里，剩下的饭菜再赏赐给宫女、太监们。皇后好奇地问原因，他解释说，这是因为不想让宫中的人吃自己的剩菜。

在封建时代，皇帝的地位独一无二，只要赵构自己不在乎，根本不敢有任何人嫌弃他。甚至还会将吃到他的“残食”，作为大可炫耀的殊荣。但即便如此，赵构出于道德感，还是不愿意直接用筷子去夹菜。

相比赵构这种“洁癖”，今人却显得随便不少。长期以来，大家都习惯围桌而食，无论亲疏远近、男女老少，筷子都可以在盘中经过。人们认定只要能坐在一起吃饭的都是自己人，甚至觉得用彼此筷子相互夹菜才能体现情感亲近，用公筷反而是多此一举。其实，这样的心态并不正常。

亲友会餐，并不单纯只是“在一起吃饭”。无论是吃什么，还是怎么吃，都体现出其中的社会意义，公共卫生的意义也是其中重要的组成内容。采用公筷，无疑是最卫生的，最值得推广的。

实事求是地说，限于民间传统理念，公筷措施在短期内不可能完全推广普及。如果个人不顾宴会场合，强行推广或要求公筷，也可能造成各种不快。但起码应做到在设立公筷的餐饮场合，自身带头加以使用。这样，才能让健康和社交都得到尊重，让良好的餐饮习惯逐步推广直至蔚然成风。

如何正确而优雅地剔牙

从最早的树枝、柳条，到后来的牙签，再到现在的牙线。人类绵延不绝的餐饮文化史，也可以看成一部趣味盎然的剔牙史。

剔牙这件事，可能从原始人开始就有了。毕竟，一顿美餐之后，剩下的食物残渣残留在牙缝中，既难受又不卫生，任谁都想除之而后快。但中国人很早就意识到，剔牙并不只是自己的事情，也会成为他人眼里的“风景”，懂得在饭桌上适当回避，才是最好的剔牙方式。因此，《礼记》有云：“毋刺齿。”所谓“刺齿”，就是古代人对剔牙的称呼。“毋刺齿”是指不要在吃饭过程中剔牙。

如果是在用餐过程中剔牙，可以用手捂嘴，向旁边斜着身子，轻轻剔除食物残渣，再用纸包住，扔进垃圾桶，而不是在饭桌上。如果是用餐结束后剔牙，最好离开饭桌，去卫生间解决。无论何时何地，即便大家都在剔牙，你也不应正对别人。此外，剔牙之后的牙签不要随意乱扔，可以轻轻放入吐盘、烟灰缸或垃圾桶，也不要久久捏在手上或叼在嘴里，令人观感不佳。

除了不要当众剔牙外，还应注意避免用错误工具剔牙。

清代小说《儿女英雄传》第二十九回里有个张老头，世代在乡间务农，从没见过牙签。这天，他到了城里亲家安老爷府上赴宴。吃完饭后，丫鬟用茶盘送上漱口水，张老头不要，反和丫鬟说，可以将炕上的席子篾儿撅一根来。丫鬟听得摸不着头脑，后来经过安家少爷提醒，送上两根柳木牙签。张老头这才满意。

张老头不懂什么是牙签，闹了社交笑话。如果你想在用餐中时剔牙，桌上又没有牙签，不妨向主人或者服务员索取，而不要用筷子、骨头去剔牙，这会显得非常随便、粗俗。

餐桌上的话题要有分寸

钱钟书先生曾经如此评论：“吃饭有时候很像结婚，名义上最主要的东西，其实往往是附属品。”

一个人吃饭，吃的是填饱肚子。两个人吃饭，吃的是拉近关系。一群人吃饭，吃的就是情感交流。餐桌是社会活动舞台的延伸。在这里，每个人都在表达自我，同时也观察他人，只有合适的话题，才能为整个交流过程增添光彩。

什么样的话题，在餐桌上最为适当呢？

无论你是宴会的主方还是客方，都应提前了解参加者的大致情况，包括其年龄、受教育程度、从事职业、与发起人的关系等。以此为根据就能提前准备好话题，而不至于完全插不上话。

在饭桌上，你应该多选大家都能参与的话题。毕竟人与人之间的差异很大，比较冷门、专业的话题，还是尽量不要抛出来比较好，否则很容易让人误会你是在炫耀。

一般而言，诸如旅游观光、风俗人情、娱乐新闻、流行时尚等，都是比较合适的话题。当话题延伸到专业领域时，你也应避免不懂装懂，而是向对方请教、聆听，这样谦虚的学习姿态，也是很好的情感交流方式。

当双方稍微熟悉后，还可以与对方就其家乡特点进行询问。可以根据你对其故乡的了解，谈论美景、美食、名人、地理、历史等，这些都是对方愿意参与的话题，也愿意谈论。当然，其他的人参与进来也没有任何阻碍感。

有适合的话题，就有禁忌的话题。“酒逢知己千杯少”不能变成“话不投机半句多”。如果是与彼此有工作关系的人吃饭，尽量不要主动讨论业务领域的事项，这些事更适合在会议室、办公室讨论，尤其是有领导在场时更是如此。否则，很容易一言不合就产生矛盾，导致用餐气氛急转直下。

如果用餐者彼此并不算亲密，或者有女士在场，就不要讨论男女之间的那些话题。这类话题很容易招人反感，同时也让讲述者的社会形象大打折扣。

至于各种八卦消息、负面新闻、流言蜚语等话题，并非完全不能涉及，但只能浅尝辄止，尤其要注意避免令用餐者不快的联想。个人事业成功、他人收入等隐私话题，也不应随意讨论，而是要视宴会的性质发起或参与。

第三章
迎宾会客

远客来访，要提前迎接

早在两千年前，我国伟大的思想家、哲学家孔子说："有朋自远方来，不亦乐乎？"远方的客人专门来看望你，说明你们的交情肯定不一般，这也是一件非常值得高兴的事情。但是，主人如果礼数不周，没有做好准备，这场难得的见面可能就会充满遗憾。

要达到宾主尽欢的目的，作为主人，最重要的一个环节就是提前准备、做好迎接。

首先，就是在行程上有所准备，如了解远客的交通工具以及具体的班次、到达时间，或者提前问清，是否需要代订车、船、机票等。

其次，就是接站的问题。如果需要自己去接站，要提前备好交通工具，准时到达，千万不要迟到、早退。在迎接大批客人或不相识的客人时，最好准备好接站的特定标识，以便客人在很远的地方就可辨别。否则，我们很容易错过要接的客人。

还有一些特殊的情况，比如远客不期而至、临时来拜访你，那么无论你工作多忙，或者手头的事情多么重要，都应暂时停下来，起身热情接待。如果手头的事情极为重要或比较忙碌，那么就应该向远客说明情况，请其谅解。

另外，如果远客的到来极为突然，没打招呼便推门而入，我们也应立即起身表示欢迎，不能拒之门外。

最后，就是住宿的问题。既然是远客，那么很少当天来当天回，所以有必要提前为远客安排好住宿。有的家庭居住面积比较大，有单独的客房，如果没有，则可以根据实际情况临时腾出一间来。家里如果没有房子可供客人住宿，主人必须和远客商定，是否需要事先预订旅馆。

关于在家里住宿，还有一些小细节必须要注意。比如，远客到来之前一定要把房间收拾干净，等客人进来后，要告诉客人厕所在什么地方，设施如何使用等。

此外，主人还应根据客人的性别、年龄、爱好、来访目的等准备一些糖果、烟酒，以及个人所需要的书籍、资料等物品。

总之，还是中国的那句老话——宾至如归！归，就是归来，回家。远方的客人到我们家里来，要让他感觉好像回到自己家里一样，一切都习惯舒适。

待客前要打扫卫生

朋友来家里做客，让其感到极为舒适是招待的最高境界。达到这一境界的基础就是家里有一个优雅的环境，让朋友感到舒服。如果家里的卫生比较差，估计客人进门后很快就产生“告辞”的想法。

打扫卫生看似是小事，实则反映的是一个人的修养，因此古人十分重视。《后汉书·陈蕃传》中有这样一则故事。陈蕃是东汉时期备受天下人敬重的人物。但他小的时候十分不注重细节，单独居住的庭院十分肮脏。

有一天，他父亲的好友薛勤过来，看着这杂乱不堪的屋子，批评他说：“你为什么不将庭院打扫干净后接待来客呢？”

陈蕃一脸不服气，答道：“大丈夫处世的道理就是，应该关心天下大事，有必要去打理一小屋子的事吗？”

薛勤当即反驳他说：“一小屋子的事都做不好，有什么本事去治理天下事呢？”

个人居家如此，更何况有客人来呢？所以，我们要知道，在家中待客，以脏乱差的形式去欢迎客人，是最不礼貌的，这是对客人的不尊重。我们在得知客人要来访后，在其到来之前，一定要把家打扫得干干净净。这样来客才能感觉被重视，这也体现主人的待客之礼。而且不要以为是非常好的老朋友，就不以为然，这是对朋友的不尊重。

另外，还有一点需要注意，打扫卫生看似简单，但是一定要注意细节，尤其是下面这些地方，一定要打扫干净。

首先是坐便器。一般来说，去别人家做客的时候，人们就怕主人家的坐便器太脏，让人坐不下去。相反，如果主人家的坐便器非常干净，那么此次的做客之旅肯定会愉悦很多。所以，在客人到来之前，一定要把坐便器擦洗一遍。

其次是沙发。沙发是招待客人的重要场所，这里的清洁自然十分重要，特别是粘在沙发上的毛发，一定要清理干净。这些毛发也许是宠物猫狗的，也许是人类的，都应该仔细清理。

总的来说，打扫卫生很麻烦，需要更多的耐心和细心，但这也是对客人的一种尊重。当客人身处这样一个干净、舒适的环境中后，会有一种宾至如归的感觉。这也是我们招待客人的目的。

客人在时不扫地

上文提到了，干净、清洁的环境是对客人的一种尊重，但是所谓“过犹不及”，如果你把房屋收拾得一尘不染，反而会让客人感到拘束。做客期间，客人面对如此整洁的环境，生怕弄脏了房间，破坏主人的劳动成果。数次之后，客人也就很少来拜访、看望你了。

另外，关于打扫卫生还有一点要特别注意，就是打扫卫生的时间。如果你想扫地、清理垃圾，最好在客人到来之前，或者等客人走后，千万不能在做客期间打扫。

实际上，这就印证了一句老话，叫“客来扫地不为勤”，客人已经来了，你却扫起地来，有撵客人走的意思，很不礼貌。或是客人来了，赶紧打扫房间，以示欢迎，已经晚了。

所以，当客人还在的时候，千万不要扫地，地面再脏也要客人走了之后再打扫，同时，这还有一层意思，就是这时候的勤快还会被认为嫌弃客人将屋子里弄脏的意思。

更严格一点，与客人吃饭后，碗筷等可以简单地收拾一下，但千万不能扫地，扫地也暗示着叫客人早一点儿离开。

这种观念或许和我们平时说的“扫地出门”有些联系。

扫地出门，就是将一个人赶出家门、让其离开这个家、失去这个家的意思。所以，古人总结说："客在不扫地，扫地得罪人。"

另外，在生活中也难免产生一些需要倒掉的污水，通常都会倒在院子里或者屋外的街道上，如果是这时候有客人在家里，也要记住不能泼水，一定要等到客人走了以后再倒。因为当着别人的面泼水也表示对他不欢迎。所以客人在的时候还泼水就容易被认为是不礼貌的行为。

从本质上讲，客在不扫地、不泼水只是一种传统观念罢了，现在其已经淡出许多人的思想，很少有人对此过于认真计较。不过，从另一个角度来说，如果客人尚在，主人扫地难免会扬起灰尘，给客人造成不好的感受，也是怠慢失礼的行为。

家里来客人，孩子不近座

我们居家的时候，可能会经常有客人来访。这些客人大致可分为两类，一类是孩子，一类是大人。如果孩子们来做客，肯定是冲着孩子来的。这时候，主人的身份应该由孩子来扮演，把客厅或者一个固定的空间让给他们，任由他们支配。

但是，如果来访的客人是大人，那么家里有孩子的主人则要注意了，一定不要出现差错。

当客人来访的时候，如果孩子在家，我们通常的做法是，等客人落座之后，把孩子叫出来，让孩子和客人打个招呼，然后再把孩子打发走，我们和客人聊其他的事情，就和孩子没关系了。

如果孩子大一点儿，也可以让孩子做一些力所能及的事情。

比如，当客人敲门的时候，可以让孩子主动给客人开门、问好，表示欢迎，并且让客人进客厅落座。随后，等大人们都落座之后，孩子可以尝试给客人泡茶、端水、递水果等。等客人要走时，孩子要主动说“再见”，并表示欢迎客人再来。

这样一套流程下来，可以让本次来访增添几分美好。

但是，我们也一定要注意，在会客的过程中，不要让孩子参与过多，一些细节更要注意，比如当主客交谈的时候，如果话题和孩子无关，孩子是不能“近座”的。

这里所说的“近座”，就是靠近客人的位置坐下。按照一般的礼俗，孩子最好不要这样做，而是回避一下或坐在稍远的位置。

为什么要这样做呢？主要出于对客人的尊重。孩子在旁边，如果总是吵吵闹闹，缠着客人问东问西，会让客人觉得很尴尬，同时影响交谈的效果。

另外，孩子在旁边，难免会记住大人们谈话的一些内容，但他们不理解那些内容是不能随便外传的。如果孩子们无意之间把一些言论传播出去，可能会对主客都造成影响。如果孩子因为小对内容产生误解，那么这样传播出去问题就更大了。

所以说，当客人来访的时候，如果孩子在，通常让他们和客人打个招呼、见个面即可，其余的事情，还是交给大人处理吧。

介绍人也有顺序

通过介绍来相互认识是社交场合常见的一种方式，这种介绍也叫“第三者介绍”，也就是由第三方出面，为彼此都不曾见面、尚不相识的两者作引见的一种方式。

当然，作为社会行为的一种，介绍这种社交方式也有其自己的规矩，一群人聚在一起，并不是想介绍谁就介绍谁，而是有一定顺序的。

为此，在很多时候，我们在介绍别人时感到十分纠结，尤其是对介绍的顺序感到害怕。事实上也确实如此，不同的场合有不同的介绍顺序，不过，在大多数场合，一般都要遵守“尊者优先”的规则。

如果是不同年龄的人聚在一起，我们一般要将年轻人介绍给年长者，以表示我们对年长者的尊敬。

如果是老乡和同一家族的人见面，一般要将晚辈介绍给长辈，而不能将长辈介绍给晚辈。比如，我们可以说：“王姨，这是我常和你提到的我的表弟。”而不能说：“表弟，这就是王姨。”

如果是老师和学生的关系，我们则要先将学生介绍给老师，以表示我们对老师的尊敬。

如果是在单位公司里，那么就按照从高到低的级别依次介绍。举个例子，介绍时可以这样说：“王经理，我给您介绍一下，这位是事业部的主管王刚。”

在当代，还有一个约定俗成的规矩，那就是女士优先。在介绍的时候，女士可以优先知道对方的情况。比如，我们可以这样说：“王小姐，这位是运营部的刘经理。”这样用来表示对女性的尊重。

如果双方年龄、职务相当，则把男士介绍给女士，把未婚者介绍给已婚者，把后来者介绍给先到者，把家人介绍给同事、朋友。

不过，我们在做介绍时，也必须根据当时的具体情形加以灵活运用。一位女士和一位德高望重的长辈见面了，那么你应该怎么介绍呢？长者优先还是女士优先？在这种场合，我们一般以长者为先，举例来说：“张老师，我很荣幸向您介绍一下我的同事王姐。”

比如在非正式场，年龄相仿的人聚在一起，这样的介绍就比较随便，一般按照从近到远的顺序介绍即可。

另外，我们在做介绍的时候还要注意一点，那就是在介绍之前，一定要征求一下被介绍双方的意见，看他们是否有想认识对方的意愿，而不能立即加以介绍，这样会显得很唐突，让被介绍者感到措手不及。

到了饭口儿，留客有学问

俗话说：“民以食为天”，在我国的很多地区都有“饭口儿要留客”的习俗，说起来这跟一项传统有关。

据《左传》记述：子服景伯谓子财曰：“夫诸侯之会，事既毕矣，侯伯致礼，地主归饩，以相辞也。”这句话的意思就是，子服景伯对孔子的徒弟子贡说：“诸侯见面，如果一切谈妥之后，按照规矩，诸侯见面所在地的诸侯要送给来访的诸侯一些食品，然后才告辞离开。”这种礼节就是流传了上千年的规矩——地主之谊。

在当时，食物远不如现在丰富，食物是一种非常重要的物品。而这个习俗发展到现在，就成了如果有客人来做客，到了饭口儿留客人吃饭。

这里所说的“饭口儿”，也叫“饭点儿”，也就是吃饭的时间，在我国大部分地区，指的是中午 11:30 到 12:30、晚上 6:30 至 7:30 之间，通常说很少有在吃早饭的时候做客的。

按照习俗，如果这个时间还有客人在，一定要留客人吃饭，这既是中国人热情好客的表现，也是一种礼节。如果来访的时间与“饭口儿”“饭点儿”有重合，主人一定要事先准备好饭菜，而且准时动火做饭，以示自己的诚意和热情。

当然，这有时候也是一种客套。因为很多时候，饭口儿留客吃饭，并非主人真心实意让客人留下吃饭，不过是一句客气话而已。因为主人真心要留客人吃饭，一定会提前和客人说好的。一般来说，凡是之前没有约定的，主人在“饭口儿”提出让客人留下吃饭，都是客套话。通常高情商的客人在快到饭口儿的时候，就要结束谈话，起身告辞，不给人家添麻烦。

菜肴要对客人的口味

客人，尤其是远方的客人来拜访我们，我们就要为他“接风洗尘”，那要怎么做呢？最常见的方法就是请客人吃顿饭。

随着物质水平的提高和节俭意识的提高，这一习惯也正发生着改变，不过，这也不是意味着请客人吃饭越随便、越简朴越好，最重要的是要吃好，这也是尽到主人应有的责任。

要想让客人吃好，作为主人，最重要的一点是所点的菜肴要符合客人的口味。

比如在现实中，我们有许多人喜欢吃辣，每顿饭都离不开辣椒，菜越辣越好，而且他们在招待客人的时候，也总会不经意地把这个喜欢带到做菜、点菜中，无论是做的菜还是点的菜，都是奇辣无比，结果不喜欢吃辣的客人很难下筷。

实际上，要想让菜肴符合客人口味，如下这样做就可以了。

在等大多数客人到齐之后，主人可以先将菜单让客人传阅，并请他们来点菜。当然，不管是私人宴请还是商务宴请，你可能都会担心预算的问题。不过，这个问题很小，因为大部分客人都很通情达理，不会让你太破费。当然，要控制预算，最重要的是主人要做饭前功课，选择合适的请客地点。

这里有一点需要注意的是，点菜时不应该问服务员菜肴的价格，或是讨价还价，这样会显得你小家子气，而且客户也会觉得不自在。

其次，点菜具有一定的科学性和规律性，一桌菜的好坏，除烹调水平差异以外，绝大部分取决于点菜，一桌完美的菜式应具备以下条件：

首先在菜量上。一般来说，在人均一菜的基础上再加一道主菜，外加几个凉菜和小吃比较合适。如果在场的男士较多，可适当再添加一两道主菜。

其次在菜肴组合上。一般来说，一桌菜最好是有荤菜、有素菜，有冷拼、有热炒，尽量做到全面。如果桌上男士多，荤菜可以多些，如果女士相对多，则可多点几道清淡的素菜。

最后是菜品的级别上，这主要根据宴请的重要程度来判断。如果只是普通的商务宴请或亲戚朋友的普通聚会，点中等价位的菜品就好。如果宴请的对象是比较关键的人物，那么则要点上几个够分量的菜。

要想让菜肴符合客人的口味，最重要的一点是在点菜的时候一定要征询一下桌上人的意见，特别是问一下“大家喜欢吃什么”“大家有什么推荐”“有没有哪些是不吃的”，这样让大家感觉被照顾到了。点完菜后，主人可以再问一下，“这些菜不知道是否合几位的口味”，“要不要再来点其他的”等。

这样一番流程下来，客人不满意都很难。

请人吃饭，不能只上三个菜

古人非常好客，无论是家人亲戚，还是好友知己，来到家里，都是十分热情。李白在《将进酒》中写道："烹羊宰牛且为乐，会须一饮三百杯。岑夫子，丹丘生，将进酒，杯莫停"。写尽了款待朋友的盛情。

款待朋友的热情，不仅体现在菜肴的珍贵上，还体现在菜肴的数量上。一般来说，菜品越多，越能显示我们的热情。在我国，最隆重的招待莫过于满汉全席，整个过程下来，足足有上百道菜，盛情则不必说。

中国人请客吃饭有一个特点，不管客人多少，往往要点一大桌子菜，七大碟八大碗。这是因为中国人比较好客，生怕客人吃不好，如果饭菜被吃光了，主人心中就会很不安，认为客人没有吃好，没有吃饱，也就没有招待好客人。所以，在请客人吃饭的时候，主人宁可多点一些菜。

另外，值得注意的是，我国许多地方，在请客吃饭时，菜的数量有所忌讳。如果不注意，请人吃饭，本来是件好事，也会变成坏事，比如只上三个菜。

在我国古代，三个菜是上路菜。古代的死囚犯在被执行死刑前的那天晚上，监狱会做三个菜，一壶酒，一双筷子。另外还有的地方，如果有人刚刚过世，也会在供桌上摆三个菜。

另外，在祭祀文化中，许多地方烧香也有“三炷香”的讲究，指的是一烧天香，二烧地香，三烧祖先香，以敬三界。古人迷信，“三界”说的是天界，人间和阴间，这也是单数“三”的体现。

总之，按照我国古代的传统习俗，如果请客只摆三个菜，是不吉利的。

另外，请客的话如果摆上七碟菜肴也是要挨骂的。因为在古代，葬礼后有一个环节是喝解慰酒，喝解慰酒的时候必须要有七碟菜。

在我国的传统文化中，饮食是重要的一个组成部分，因此也流传下来很多的禁忌。除了请客吃饭不能上三个菜之外，还有许多禁忌。比如说，吃饭的勺子不能往外翻。因为在古代，这是在监狱中给犯人盛饭时所用的方式。请客吃饭的时候如果勺子往外翻，就意味着可能会有牢狱之灾，有诅咒别人的意思，被人看到会生气的。

不可否认，有些饮食民俗带有迷信色彩，但是在不妨碍人们正常生活的前提下，适当尊重下也未尝不可。

不要当着外人说悄悄话

人和动物的一大区别就是说话。我们每天都要说很多话，话是一种沟通和交流的手段，如果不说话，很多事情我们都无法完成。

说话很重要，话也分好多种，同一句话在不同的场合说，效果也不同。有的话应该当众说，有的话则应该私下说，或者悄悄地说。悄悄地说话，两个人单独在一起的时候，这样说话，没有关系，因为你们也许是担心“隔墙有耳”，故意放低了声音。但是，在有客人在场的时候，主人如果和某位客人这样说话，在座的其他客人，就可能产生其他想法了，他们可能会认为你在说别人的坏话。

从礼仪的角度来说，在客人面前说悄悄话或窃窃私语是一种非常不礼貌的行为。客人们虽然表现得不在意，但事实上可能会慢慢地疏远你，因为他们认为你内心黑暗，不敢明说，是一个不善良的人。

另外，这样的行为还会让客人产生误解。人都是有好奇心的，说悄悄话这种“神秘”的行为最能撩拨人们敏感的神经。事情就发生在眼前，却不知道内容，客人便会产生各种各样的猜测，如果将某种猜测认定为事实，而且这种猜测对主人不利，那么就会对客人产生不好的印象。

所以，即便这件事情需要瞒着客人，也不要当着客人的面说悄悄话。遇到非说不可的悄悄话，那么你也有几种做法可以考虑。

比如你可以事先和大家说明，说有件事情需要和某某单独说一下，然后再把某某叫到旁边僻静的地方说明。或者你可以找个借口，把某某单独叫出来，找个僻静的地方说。总之，当着客人的面嘀嘀咕咕，是非常不好的。

受礼有哪些规矩

中国是一个讲“礼”的国家。当有客人来拜访我们的时候，常常会带给我们一些礼物。这时候，我们就会感受到客人对我们的重视。但是，在这个过程中，我们也不要被兴奋冲昏了头脑，要牢记一些“规矩”，知道什么样的礼物能收，什么样的礼物不能收。

比如，当客人把礼物送过来时，我们发现礼物价值较高，我们该怎么办呢？是接受还是拒绝。这要根据我们和客人之间的相互关系，以及客人的经济能力来决定。

如果我们和客人的关系不深，只是泛泛之交，那么我们最好婉言谢绝。一般这种情况，多是客人有求于自己，或为拉关系，或为走后门，这样的礼物，我们一定要坚决加以拒绝。

从经济条件上看，如果客人的经济条件不错，那么贵重的礼物我们可以接受。如果对方的条件一般或者不太好，那么我们应婉言劝其带回。

如果客人来自远方，带来的是对方当地的一些土特产，那么我们最好欣然接受，因为这属于纪念性、礼节性的馈赠，这些礼物所代表的是客人的一片真挚之心，这样的礼物如果我们不接受，客人会感到非常扫兴或尴尬，认为你们之间的友谊不存在。

如果客人为了帮我们解决生活中遇到的困难而赠送一些礼物，这种帮助一般是真诚的，我们不妨加以接受。同时，我们也要为客人考虑，客人赠予我们的这些礼物，会不会使客人增加经济负担，如果会，我们最好婉言谢绝，或者只接受其中的一部分，以示对对方的感谢。

如果客人是真诚的，而且再三坚持让我们收下，那我们可以不必推辞。另外，如果赠送我们礼物的人是我们的亲戚，我们最好痛快地接受。

作为受礼方，当我们接受客人礼物的时候，一定要领受到客人所要表达的真情和礼物的象征意义，千万不要以礼物的价格来推断客人的真诚与否，更不能以礼物的轻薄厚重来取人，以礼物的轻重来分朋友的贵贱和亲戚的远近。出于真情送的礼物，哪怕很轻，我们也应当珍惜。这就是古人所说的“千里送鹅毛，礼轻情意重”的意思。

另外，受礼的规矩还有，受礼前我们要适度地进行谦让，接受后我们还要表示感谢，比方说“让你破费了”等这样的客套话，并诚恳地表示，让客人以后不要太客气等，切忌来一收一，来十收十。

收到礼物后，我们一定要妥善保存，并且要记住哪位客人何时赠送的何种礼物，以便以后需要还礼时有据可查。

按照中国古代的习俗，我们在接受礼品时，一般不当着客人的面把礼物打开，而是把礼品放在一旁，等客人走后再看。之所以这样做，一方面是为了避免礼物是自己不喜欢的物品而脸上自然而然带出不高兴情绪，引起尴尬；另一方面，也是为了表示我们看重的是对方送礼的心意，而不是所送的礼品，还有一个原因就是当众多客人都带来礼物时，如果当面打开，在场的人难免会相互比较，由此可能会产生尴尬。

不过在当前，许多人已经不在意这个规矩了，如果现场条件许可，时间充裕，人数不多，礼品包装考究，那么，我们在接过客人相赠的礼品之后，也可以大大方方地将礼品包装当场拆封。这样的行为，也表示我们很看重对方，同时也很看重获赠的礼品。

如何优雅地接受礼物

我们懂得受礼的规矩后，如果决定接受礼物，一定要表现得非常优雅，这主要体现在我们的行为和语言上。

首先在行为上。当我们接受客人送给我们的礼物时，一定要站着相接，以表示尊重对方和送礼的诚意。也许当时我们正在坐着或者在忙其他事情，当客人口头宣布有礼相赠时，我们应立即中止手里的事情，起身站立，面向客人，以便接受礼物。

当客人在取礼品准备赠送时，我们不管心情多么兴奋或者激动，都不应伸手去抢，开口问是什么礼物，或者双眼盯着礼物，以求先睹为快。在这个时候，我们应时刻注意自己的风度。

当客人递上礼品时，我们一定要用双手前去迎接而不要一只手去接礼品，特别是不要单用左手去接礼品。在接受礼品时，面部的表情也要注意，要双目注视对方，同时脸上带着微笑。然后，把礼物轻轻放在一旁，或托在左手上，抽出右手来与客人握手致谢。

如果客人送给你的不是礼物，而是礼品单，那么我们接过来之后，应该立即从头至尾仔细地读一遍。

还有，如果需要当场拆封礼物的，我们在启封的时候，动作一定要井然有序，舒缓文明，不要乱扯、乱撕、乱丢包装用品。因为在这种场合，撕破包装纸会被认为是不礼貌的举止，同时也是对客人的不尊重。

其次在语言上。我们在接受礼物时，一定要表现得优雅。切忌收到礼品时，什么也不说，随手放到不起眼的地方，这样会让对方认为你对他不重视，不感兴趣。这是一种失礼的行为，是不尊重他人的表现。

客来敬茶，不能不懂的奉茶礼仪

南宋吴自牧曾在其著作《梦粱录》里写了开门七件事“柴米油盐酱醋茶”，“茶”能与厨房饮食必备之“柴米油盐酱醋”并列，可见中国人对茶的热爱，已经到了生活中离不开的程度。

中国人饮茶的传统可以追溯到晋朝。《世说新语》中就记载了，晋武帝死后，“少时有令名”的任瞻南渡，在到达南京时，丞相为任瞻准备了接风宴，最先上的就是茶，可见茶在中国礼仪文化中地位之高。以茶接风洗尘，表达主人对客人的尊敬之意，直到今天仍是社交的待客之礼。

无独有偶，东晋时期的中书郎王濛，也是个喜欢以茶会友的人，他常用的以茶待客之道，被后世奉为“茶汤敬客”的佳话。

根据《世说新语》记载，东晋时期的王濛是王氏望族出身，曾任职中书郎、左长史等重要官职，他广结人脉，官运亨通。王濛平时兴趣广泛，不仅擅长书法绘画，更是嗜茶成癖，几乎没有一天不喝茶。而且，一旦有客人来，他就要用茶汤招待客人，让客人和自己一起饮茶、品茶。

当时东晋很多大臣并非土生土长的南方人，而是北方南迁的氏族，所以并不习惯茶汤苦涩的味道。但王濛热情好客，凡有客人，必以茶汤待客。客人们碍于情面又不得不喝，一时间很多大臣将去王濛家做客戏称为“今日有水厄”，“水厄”也成了茶的别称，广为流传。

无论是任瞻遇到丞相以茶接风，还是王濛以茶会友、茶汤敬客，这些敬茶礼仪都是中国传统文化传承的美德，是传统文化高尚礼节的精粹。这些敬茶礼流传于古代王孙贵族、文人雅士之间，同样也跨越千年延续下来，流传在今日高级社交场合中。

中国人的礼俗向来重情好客，“有朋自远方来，不亦乐乎”的思想深入人心。当远道而来的客人风尘仆仆走进家门，主人能够邀客入雅室，敬上一杯香茗，边喝茶边聊一聊世间经纬、生活百态，这是对客人最高的敬意，也是人情社交中最暖的一抹余香。

林语堂在《生活的艺术》中就曾谈过茶在社交中的重要地位。林语堂认为，如果从文化和快乐的观点来讨论，人类历史上最杰出的发明就是吸烟、喝酒和饮茶，因为这几样事物都能帮助人们享受空间、友谊和社交，让谈天者更舒适地徜徉对话。

所以，在饮茶文化深厚的中国，若想与更多有文化、重礼节、高素质的人交流，我们也需要懂得一些敬茶规矩，低级的错误也不能犯，尤其是最基本的常识更要知道。

首先，客来敬茶，以茶会友，为表诚心，我们要选择环境干净的饮茶地点，泡茶所使用茶具也要清洁卫生，并尽量选用上品茶叶。

其次，泡茶、倒茶时都不宜将水冲得太满，倒茶七分满即可。倒太满，茶水容易溢出，客人在端杯、喝茶时都不方便，也不雅观，而且，茶满也有不敬对方之意。我们可以左手托住茶杯底，右手持杯，并注意持杯时不要抓着杯口，避免污染杯口，这才合乎奉茶规矩，既稳当妥帖，方便对方接住，也表达出我们的谦虚和敬意。另外，在给他人奉茶时，双手端茶也有敬茶的意思。

最后，要注意无论奉茶还是敬茶，都不要一边说话、一边做，也不要在拿、放茶杯时，让茶杯磕碰出声响，可以用小拇指垫在杯底，慢慢地放下杯子，避免茶杯磕碰。这样安静奉茶，才是以茶礼敬。

中国茶礼文化源远流长，相比于饮酒，饮茶聊天因更具雅趣而深受现代高级社交人群的喜爱。酒肉江湖客，爱茶多君子，懂一点奉茶、敬茶的规矩，用茶联系朋友，联络感情，相信你获得的友谊会更加真诚和牢固。

送别客人时的礼仪细节

客人到来时，作为主人，我们要以礼相迎；当客人告辞时，我们应当以礼相送，让整个接待善始善终。如果我们送客失礼，则会大大影响本次见面的效果。因为客户离开后，很自然地会品评我们整个的待客过程。冷漠地送客会令客人产生长时间的不愉快，即使此前整个会面一直是良好的，这时也会倍感扫兴，影响对我们的评价。

因此，我们在送客时一定要加以重视，讲一些送客艺术。

按照常规，告辞应当由客人率先提出来，假如主人先提出和客人道别，难免会给客人以厌客、逐客的感觉，所以，我们不要先提出送客相关的话题。

当客人提出告辞后，我们不要立刻答应，而是作一番挽留，如果客人真的决定要走，那么我们也不必再三勉强。

在这里，我们要注意，有时客人的告辞是试探性的，是对主人是否有兴趣继续谈下去的一种试探。所以，当客户提出告辞时，我们千万不可急于答应，要弄清楚客人的真正意图。

如果是重要的客人，在其决定离开时，我们还要举行一个送行仪式。送行的地点最好选在比较宽敞的广场、大厅等地，千万不要选择狭隘的地方。

在起身告辞或者在送行仪式上，作为主人，我们一定要向对方说再见，叮嘱对方多多保重、后会有期、一路顺风、旅途平安等，有时，我们还应委托客人向其同事、家人等带好。

当客人动身离开时，作为东道主，我们一定要热情相送，不要一出门，客人说“请留步”，我们就转身离去，然后把门狠狠地关上。如果是这样的话，刚才谈得再热情、再友好，你一关门就把对方推出去了，客人会从心里感到不自在。

对于一般的家庭访客，我们至少要送客人到房屋门口或电梯口，然后与客人一一握手送别。这里还有个细节要注意，即使握完手之后，我们也不应马上转身离去，而是应该目送客人远去，或者等客人都进入电梯后，再挥手道别，等电梯门关闭后再转身回去。如果客人是长辈、女士或远道而来的客人，我们可以一起乘坐电梯将其送至楼下，等客人上车离去后，我们再返回。

如果是大型的送客工作活动，那么在活动结束之前，我们就要了解到客人的返程日期和车次、班次和票种等，并及时帮助预购好车票、机票、船票等。送客活动结束后，应对客人表示欢送，询问客人还有什么需要交代、办理的事情等。在离开时，要提前给客户结算好各项费用，并帮助搬运客户携带的物品。

另外，送别时如果遇到特殊情况，比如下雨等，我们要给客户拿出雨具等，总之要让客人感受到我们无微不至的关怀。

第四章
走亲访友

挑选合适的见面礼

我们常说“礼多人不怪”，这里的礼，既可以指礼节，也可以指礼物。当指礼物的时候，并不是说越多越好，而是说，去走亲访友的时候，有礼物总比无礼物好。

我们这里提到的见面礼，都是正常的人情往来，不包括为了谋求某种不正当利益而进行的贿赂等行为。

那么，什么样的见面礼叫合适的见面礼呢？一般来说，合适的见面礼具备以下特征。

第一，在价格方面，一定不能过高或过低。如果礼物的价格过高，会让接受礼物的一方感到尴尬，甚至产生误会，会认为你是带着某种不正当的目的而来。如果过低的话，会让对方感到受到了轻视。

第二，见面礼能体现出心意和诚意。一份有心意的礼物，即便价值不高，也能让人感受到你的真心关怀。而要想让见面礼有心意和诚意，最好事先了解好，对方有哪些喜好，最近有哪方面的需求。

第三，见面礼不要太过于个性化。一般来说，见面礼最好要有特色，但是不要太个性化，这样会显得比较突兀，让人感到不舒服，而且当对方想要“还礼”的时候，也不知道选什么礼物好。

第四，见面礼不要重复。在送兄弟姐妹礼物的时候，要注意不要送重复的礼物。如果每次送的都是相同的礼物，会让人感到无趣和乏味。为了避免这种情况出现，我们可以根据时节、对方的兴趣等来选择。

第五，所选的见面礼要符合氛围。也就是说见面礼要符合场合。比如，对方要过生日，你非要送一个圣诞树就有些啼笑皆非了；对方要摆满月酒，你非要送一个大蛋糕就不合适了。

第六，见面礼不要附带条件。赠送礼物一定要出于真心，而不是总想着要得到回报。如果是这个目的，那么就会破坏送礼物的本意，而且还会让对方感到不舒服和尴尬。

总之，我们在走亲访友时，送见面礼是一种很常见的社交行为，但是送礼物也需要遵守一些规矩，其不是为了显示我们的价值，或者是流于形式，而是出于真心关怀，这样才能达到我们走亲访友的目的。

礼品的“数字禁忌”

赠送礼品看似是个简单的事情，但是送到对方心里则需要下一番苦功，同时，要想不出现差错，更需要下一番苦功。如果送的礼品没能送到对方心里，最多是把礼物遗忘在角落；但是如果出现差错，弄不好就会“绝交”。

例如，在给他人送礼品的时候，别的你不选，偏偏选了一个钟送了过去，对方不把你大骂一顿都是有涵养。其中，送礼最容易出现差错的地方还是在数字上，送礼品有很多数字禁忌。

提到数字禁忌，很多人首先会想到“4”这个数字，“4”的发音与“死”相近，在中国的邻邦朝鲜、日本，人们习惯将“4”视为预示厄运的数字。另外，在我国的一些地区，在祭奠逝去的先人的时候，所摆放的果品、菜肴等都是以“4”为单位的。在中国，“4”不受欢迎的程度，不亚于西方人见“13”色变，所以我们日常送礼，特别是看望病人的时候，更要离“4”远点儿，省得让人不高兴。

除了“4”，还有一个数字也比较不受欢迎，那就是数字“7”。

在数学中，“7”是个很奇怪的数字，在1到9这几个数字中，只有“7”不是其他数的倍数，也非除数，因此“7”被视为神秘的数字。

在西方，人们送礼要刻意避开“7”，因为他们会觉得你送给他们的是所谓“七种会遭天罚的罪过”：傲慢、暴怒、忌妒、色欲、暴欲、贪婪、怠惰等。而在我国，“7”常常和凄惨、凄凉、欺诈、欺骗等不好的词汇联系起来，所以很不受人们的欢迎。

还有一个比较特殊的数字，那就是“10”。按道理说，“10”常和美好的词联系在一起，比如说十全十美等，为什么也有所禁忌呢？我国有句古话叫“满则溢”，圆满之后，就意味着开始走向衰落，而“10”恰好代表圆满，所以，在我国的一些地方，老人过寿辰的时候，通常提前一年过。

与“10”相反，人们对“1”也不讨喜欢，“1”是数字之始，俗话说万事开头难，你送人家“1”，不是给他人送去困难吗？另外，中国人喜欢双，所谓好事成双，无论结婚、祝寿、送礼都要成双成对、送双忌单。如定聘的礼金必须是偶数，“红包”“喜钱”或“定钱”“定礼”，都要是双数或整数，忌单数，所以送礼等也都是取双数，很少有取单数的。而“1”则太单薄了，上下不靠，不大吉利。所以，人们送礼都尽量避开“1”。

敲门要一轻二重

我们常说："细节决定成败"，在日常生活中，我们走亲访友的时候，如果有些细节做得不够好，虽然成败谈不上，但至少会给人留下不好的印象。

就拿敲门这件事来说，工作中、生活中，只要是进入他人的房间，恐怕都会有敲门的问题。很多时候，从敲门这个细微的动作中，可以看出一个人的性格、修养。

敲门虽然是一件非常不起眼的小事，但要做好也非常难，如果我们在走亲访友的时候，敲门的细节没有注意到，也会给对方带来不快，还未见面就留下了不好的印象。

那么，我们去别人家敲门，应该注意什么呢?

现在的许多家庭，为了更快速地知道有人到来，都在大门上安装了门铃。但是按门铃也要讲规矩。一般来说，正确的做法是：先慢慢地按一下，隔一会儿，如果没有人来开门然后再按一下，就这样反复，直到有人来开门。等五六下过后，如果还没有人来开门，那就说明家里没人，不要再按了。另外按门铃的时候，一定要沉住气，千万不能"叮叮当当"乱按一气，这样不仅显得我们没礼貌，也可能会把他人的门铃按坏。

如果没有门铃，那么我们就需要敲门。敲门的正确手法是“单指法”，一般是用右手食指或中指弯曲后的关节敲门。正确的做法，是伸出右手，手指自然弯曲，掌心朝向自己，抬起手指第二指节，连续轻轻敲击三下。不能用多个手指或手背、手掌用力拍打。敲门时，手指也不能在门上滑动。

敲门的节奏要适度，以连敲三下为宜。三下之间的间隔应为0.3 ~ 0.5秒。如果节奏太快，容易给人留下心烦气躁的印象；如果节奏太慢，则会给人留下散漫、不自信的印象。

另外还有一个特殊的情况需要我们注意，那就是当我们要走访的亲戚、朋友家的门是敞开的，但是却看不到人的时候，我们也要敲门，而不能贸然闯进去。

衣帽不可随便放

我们常说，亲戚有亲疏，朋友有远近，有些亲戚或朋友和我们的关系非常密切，每逢到他们家中做客的时候，都像到自己家里一样。但是，我们应该明白，即使和朋友、亲戚的关系再密切，也不要“越位”。

我国古代经典启蒙教材《弟子规》中有“置冠服，有定位”的句子，“冠服”指的就是帽子和衣服，“定位”指的就是固定的位置。这句话的意思就是，我们平时穿的衣服应该放在一个固定的位置，不要随手乱放。

也就是说，不要把衣服乱扔乱放是一个小孩子都应该懂的道理，更何况是成人。在家里，我们都不应该把衣服乱放，更何况是走亲访友在他人的家里。

为什么在做客的时候，不能乱扔衣帽呢？首先往大了说，说明我们的内心是乱七八糟的。不信你看那些做事沉稳的人，每到一处都把自己的随身用品整理得井井有条。往小了说，做客的时候乱扔衣帽，屋子会显得特别乱，这是一种不礼貌的行为，没有涵养的表现。

另外，从卫生的角度说，我们穿着的衣服跟随我们出入各种场合，难免会沾上一些尘土或病菌，而到客人家中随便乱放，就会把这些“脏”东西带到客人家中，留下隐患。

还有一点，四处乱扔衣帽，可能会让衣服变得褶皱，穿出去影响美观。

因此，我们平时应该让衣帽鞋袜“有定位”，不仅在家里要这样，做客的时候更要这样。

不要擅入主人的卧室

我们每个人都有朋友，都有自己的亲戚，有的时候，我们会被邀请去他们家做客，这是一种良好的礼仪，也是一种维系人与人之间关系比较好的一种方法。但是，我们如果不注意一些细节，很容易就会犯下社交禁忌，给人留下不好的印象。

一般来说，在现实生活中，我们去别人家做客，那么没有得到主人的允许，是绝对不能去主人的卧室的。

有一份调查发现，有将近九成的人都不能接受外人私自进入自己的卧室，即使是关系很好也不能接受。所以作为客人，更应该明白，不要轻易走进主人的卧室。

对于主人的卧室不能随便进的原因，可以总结为以下几点。

首先，卧室是主人休息、睡觉的地方，是非常私密的地方，贸然进入会触及主人的个人隐私，引起主人的不满和尴尬。

其次，在现实生活中，卧室作为主人休息的地方，里面可能放了很多贵重的东西。如果出现贵重物品丢失的情况，就会引起别人的怀疑和猜测。虽然我们是冤枉的，但我们的心里也会不舒服。

最后，进入他人的卧室前，应该先征得主人的同意，这是最基本的礼貌和尊重。不要随便进入别人的卧室，对自己好，也是对主人好。

做客不能坐人家的床

我们中华民族的历史源远流长，因此也形成了许许多多的民俗。有的民俗的产生是带有封建迷信色彩的，但是至今得以完整保留，而且仍然影响着我们的生活。不过其能够流传的原因是今人从科学的角度，有了新的解释。比如，做客不能坐人家的床的习俗。

现在，我们要外出做客的时候，家里的老人还经常会告诉我们，千万不要坐别人家的床，当家里来了客人的时候，哪怕是没有凳子了，宁可让客人站着，也不让客人坐在床上。

老人们为什么这么看重床呢？是因为其贵重吗？当然不是。对于这个问题，老人们的说法也不一致。

有的老人说，世界上的万物都是有“神”的，即便家里也不例外，比如说有灶神、门神等，我们睡觉的床也有神，叫作床神。床神是住宅神灵中重要的神灵之一，地位和灶神相当。有的地方还相传，床神是一对年老的夫妻，称之为床公、床婆。如果客人来了，直接坐在床上，就相当于冒犯主人家的神灵。

还有一种说法，就是每个人身上都有一个气场，有强有弱，有正有邪。床是主人睡觉的地方，据说，人在睡觉的时候气场最弱，所以最容易受到其他气场的侵扰，当有外人坐在床上的时候，主人的气场就会受到干扰，对生活、工作、健康等产生不利。

除此之外，还有一种说法，在古代，人是最重要的劳动力，家里的人口越多，就意味着家族越兴旺，而床代表着传宗接代、延续生命。按照古人的说法，坐在别人家的床上，难免会有脏东西把床弄脏，从而对主人家的人丁产生不利的影响。尤其是当孕妇坐在别人家床上的时候，还被说成会抢走了主人家的香火。

当然，到了现在，很少有人相信这些说法了，但是人们外出做客的时候，依然不去坐主人家的床。为什么呢？这主要是从卫生的角度来说的。

床是一个家庭中最“隐私”的地方，没有人会喜欢外人坐自己的床，总会担心外人会带来脏东西。

去别人家做客，经过一路风尘仆仆后，虽然外套表面看起来干干净净的，但事实上肯定沾满了肉眼看不见的细菌、病毒等。穿着沾满细菌、病毒的外套，坐在别人家的床上，对于主人的身体健康肯定会产生影响。尤其是夏天出汗多的季节，如果别人将身上的汗味、汗渍沾到自己的床上，恐怕不管是谁心里都不会舒服。

所以，仅出于对健康的考虑，外出做客的时候还是不要坐别人的床为好。

吸烟前要征得主人同意

为了方便社交，人们发展出很多媒介，其中包括茶、酒等。此外，还有一种也极为普遍的媒介物品，那就是烟。

有一种非常常见的现象是：在一个街头角落或者办公楼的公共区域，站着一些不在同一家公司而且完全不认识的人，他们干着各自的事情。这时候，其中的一个人掏出一盒烟来，按照从近到远的顺序一个个发放，这时候，又有人拿出打火机来，相互传递着点烟。

于是，神奇的一幕出现了，这些人就像多年老朋友一样，聚在一起神吹海聊起来，临别时还会热情地说再见。

另外，当我们去某些小区办事，想向门口的保安了解一些事情，但保安就是死活不说。这时候，只要你掏出一支烟递给他，顺便给他点上，然后再聊两句，没多久，保安就会一改刚才冰冷的态度，像亲密的朋友一样对你言之不尽。

不得不说，抽烟俨然成为一种非常有效的社交方式了。

虽然抽烟对社交很有帮助，但是一定要注意场合，有些地方是明令禁止吸烟的。比如说贴有“禁止吸烟”或“无烟室”等字样的地方和有空调的房间以及公共场合，都应自觉禁烟，遵守社会公德。在工作、参观、谈判和进餐中，一般也不应吸烟或少吸烟。

另外，有些场合虽然没有明令禁止吸烟，但也是不能吸烟的。比如说在与长者或女士共处一室的时候。

那么有人会问，当我们去他人家做客，能否吸烟呢？

这个要视具体情况而定。一般来说，如果得到主人的允许，是可以抽烟的。如果主人不吸烟，又没有为客人准备烟灰缸，我们最好不要吸烟。

当然，有时候即便得到主人的允许，我们能不吸烟就不吸烟，因为吸烟的危害毕竟是非常大的，尤其是二手烟。据统计，在二手烟的烟雾中，包含4000多种化学物质，最主要的是PM2.5，除此之外还包括焦油、尼古丁、重金属等至少250种，还有多环芳烃类化合物、砷、苯及亚硝胺等近70种已知致癌物质。

另外，即便得到主人的允许而吸烟，我们也要注意一下礼仪，不要将烟雾向别人直喷过去，也不要在电扇和空调的上风吸烟，更不应将烟灰、烟蒂等到处乱丢，而应放入烟灰缸内。在将烟头丢进烟灰缸时，应先将烟掐灭，不要让烟头在烟灰缸里继续冒烟。

夫妻在外借宿，可同床不可同房

我国历史悠久，所以留下的习俗也多种多样，有些习俗看起来非常奇怪。比如说，关于留宿的问题，有些地方就流传着“宁可给人停丧，不可给人成双”的习俗。

什么意思呢？“停丧”也并非停放已故逝者，而是暂时借给别人寄存空棺材，意思是如果朋友、亲戚家死了人，可以借自家院子、屋子给对方用于停棺材。因棺材与“官财”是谐音，其寓意能给家里带来好运。

“不可给人成双”，意思是如果夫妻到亲戚朋友家留宿，是不能行房事的。在古人的眼里，若是碰见男女正行苟且，是件很晦气的事，何况在别人家里行床，会给本家，也就是主人家带来霉运，带来不吉利。

当今的一些人认为，如果夫妻在家里同房，发出的声音可能会令人面红耳赤，但主人又不好意思说，而且，留在被褥上的印记让主家看到了会非常尴尬。

所以，现在有很多夫妻在外的时候，宁愿出去住酒店，也不愿意在朋友家过夜。住在外面的酒店比较方便，也不用顾及别人的感受。

从“六礼”看中式婚礼

婚姻嫁娶是件大事儿，需要举行一个隆重的仪式来纪念，那就是婚礼。其实，婚礼并不是一种简单的形式，而是有其丰富的礼仪文化内涵。在我国，因为习惯风俗各有差异，婚礼礼仪也不尽相同，但也基本沿袭了古人流传下来的那一套流程。

这一流程包括什么呢？这就是《礼仪》中所规定的婚姻“六礼”，分别是纳采、问名、纳吉、纳征、请期、亲迎。这些规矩在今天的婚礼礼仪中也有传承。

采纳，相当于现在我们所说的提亲，男方要带一些礼物到女方家里，向女方的长辈提出娶亲的想法，征得对方同意。关于礼物，古今有所不同。在古代，男方要带一只大雁作为礼物，而现在，一般为烟、酒、茶叶等，以此来表达对对方的尊敬和对婚姻的重视。

“采纳”之后是问名，也就是通过占卜、算命来看男女是否合适。虽然占卜算命之说没有科学依据，但这种仪式代表了传统婚礼礼仪中对新婚男女的美好愿景。

之后是纳吉，如果算的是吉卦，那么男女双方正式说定结婚的事。

纳吉之后是纳征，需要男方前往女方家送聘礼，完成纳吉之后，才可以成婚。这个环节也就是现在所说的“彩礼”。说到彩礼，现代很多人都表示反感，其实传统婚礼礼节中，也并非以金钱衡量彩礼，当时的彩礼多为绢帛，代表男方的诚意，表达出自己对婚姻的诚挚、重视，以及对女方的爱慕和尊重即可。彩礼不必昂贵，得体才最可贵。

请期，就是男方通过占卜选定婚期，并将吉时告诉女方，女方同意后，就可确定婚期。在当今，虽然人们不会去算卦，但也会挑选一个好日子来举行婚礼。这是中国礼仪对结婚这件人生大事的重视，是传统习俗中的一部分。

亲迎，相当于现在的婚礼。男方需亲自前往女方家迎亲，这一环节到今天都没有改变。婚宴上的礼仪一定要注意，对于宾客而言，衣冠需整洁，敬酒不劝酒，不说忌讳话，当新人遇到尴尬场面，多出言帮衬打圆场等。

由此可见，中式婚礼具有极强的仪式感，还有喜庆欢乐的氛围，独具特色，因此也受到越来越多新人的喜爱。

做个懂礼数的探病者

平常生活中，亲朋生病、同事住院等情况时有发生，我们难免要去探望，以表达我们的关心和对患者早日康复的祝福。而中国自古礼仪讲究颇多，探望、拜访都有一套规矩学问。比如不能过分打扰病人的休息，不要说一些可能会引起病人对病情担忧的话等，这些禁忌的背后，就是探病的规矩。

在探病的时间上，一般来说下午不能探病，因为有“日薄西山”这个说法，日薄西山就是太阳下山，在象征意义上代表了人身体从强壮到衰弱，从年轻到衰老，这个时间段不能去探病，这是古人一种图吉利的说法。

另外，有些人是不适合去探望的。比如说孕妇、婴幼儿、重症疾病、传染性疾病患者等，之所以这样，主要还是从卫生、健康的角度来考虑。毕竟医院是一个敏感的地方，我们从外界来，身上难免会沾上各种细菌病毒，这时候我们去探望病人，很容易将细菌病毒传染给他们，不易于他们康复。

其实，探病规矩也并不复杂，我们只要记住为病人着想、理解病人的心情和需求，有分寸地表达对病人的关心，多说一些鼓励、祝福的话，祝愿对方早日康复，就能获得对方的感谢和感动，达成我们探病的目的。

在正式探望前，我们可以先通过微信、电话等方式，询问一下病人，约定好时间，避免突然探望，让对方措手不及，产生不便。

看望的时候，我们可以适当带一些礼品，比如水果、鲜花、健康食品等，最好不要空手而去。探望的时间不要过长，不要影响病人休息。在谈话时要避免在探病时谈论一些可能会刺激到对方，或者触对方霉头、影响对方心情的话题，多说一些对方关注的，令病人感觉愉快的话题，让对方保持良好的心情。

另外，只要病人不是得了传染性疾病或有传染可能，探望的人和病人最好保持距离，关系亲密的 0 ~ 45 厘米，关系一般的则 45 ~ 76 厘米之间（可以握手的距离）。在与病人聊天、握手时，我们不要表现出嫌弃的表情，更不要有会给自己带来疾病、厄运等的想法，如果这样的话，病人会觉得你对他存在歧视和不尊重。

当然，也有些地方有给病人送红包的习俗，而且是病情越重、关系越亲密，红包给得越大。在过去，这个方式让很多病人家属大幅减轻了治病的负担，因此逐渐成了习俗。

参加丧葬时的礼仪规范

人生如同一场大戏，诞生礼是序幕，婚礼是高潮，而丧礼就是人生这场戏的终幕。在中国人的眼中，葬礼是最值得重视的一个礼仪，这是中国人敬重生命的体现。

在我国古代，葬礼有着一套极为严格的规矩和烦琐的流程，但是随着时代的变迁，丧葬礼节也越来越简化，人们最常用到的就是传统丧葬礼仪中的“吊唁”礼仪，也就是安慰生者，恭送、缅怀逝者的仪式。

但是无论流程如何简化，在中国人的传统中，葬礼总是充满着悲痛的氛围，要求人们在吊唁时言行谨慎，如果细节上稍有不注意，就可能给逝者家属的身心造成伤害。

在我国传统的礼仪中，在得知亲朋好友去世的消息后，上门前去哀悼是一个必然的环节。在中国的许多地方，吊唁是需要送礼金的，有的地方还需要送上挽联，以此来表达内心对死者的敬重、不舍等情感。

事实上，参加葬礼，主要是表达我们的哀思，但规矩不能破坏。这些规矩主要体现在穿着和言行上。

我们前往吊唁时，虽然不必像逝者的直系亲属那样，需要穿白重孝，但也一定要得体，一般要穿素色衣服，男女都应选择蓝色、黑色等深颜色的衣服，建议男士内穿白色或暗色衬衣。女士们应注意的是，不要涂抹口红，不要戴亮色的帽子或围巾，也尽量不要佩戴饰品，如果佩戴，也应以素色为主，且尽量不要露在外面。

另外，在言语上，关怀和安慰对于死者家属而言是很必要的，但是在措辞表达上一定要注意。在葬礼的场合，长篇大论肯定不合适，表达我们的哀思和尊重，一般只要说“节哀顺便”“请多保重”“注意身体”等简短的劝慰话即可。在拜祭的时候，可以哭出声音来，但是尽量不要嚎啕大哭，出现过分悲伤的行为举止，以免增加死者家属的悲痛。

总之，按照规矩，适当地表达关心，就是最得体的葬礼礼仪。

白事后补的礼金，不能收

在我国，人情往来的情况多种多样，除了红事，也就是我们所说的喜事，还有白事，也就是我们所说的丧事。

在我国的很多地方，如果家里有老人去世了，那就要请人过来做白事，前来参加葬礼的亲朋好友都是要给一些份子钱。这虽然是一件简单事，但如果不按规矩来办事，就很可能会出大问题。

首先就是丧事的礼金不能用包包着，更不能用红包。

按照多数地方的习俗，我们到丧家的第一件事就是先把份子钱随上，接着再向逝者行致哀礼。另外，我们总是说“死者为大”，亲朋为死者随份子钱，表达的不仅是一种心意，更是对死者的一种缅怀。如果我们没有时间亲自奉上，也不要让别人代随，那样的话会被认为心意不诚，对死者不敬。

还有一点要注意的是，这个礼金只能在当天给，如果过了是不可以补礼金的。毕竟是丧事而不是喜事，有不吉利一说。如果丧事后补礼金给别人，那相当于是在咒别人，希望别人家再死一个人。因此，传统习俗不主张补交丧事的礼金，这就是“丧不后补”。

出门如见大宾，让优雅一路随行

每个人都身处社会生活之中，我们出门就餐、乘车购物，一举一动都暴露在公共环境下。举手投足间，你到底是彬彬有礼，还是举止粗俗，都被周围人看在眼里。即使没人走到你面前，当众指出你在礼仪上的错误，但你的言行举止还是向他人展示了你的人品素质，影响着他人对你的印象。所以，在公共场合保持举止优雅，才能受人尊敬。

所谓“出门如见大宾”，中国礼仪自古就讲究恭敬真诚、处处为别人着想。《弟子规》中讲“凡是人，皆须爱，天同覆，地同载”，说的就是礼仪中关爱众人、关爱社会及周围世界。在公共场合中注意仪态举止，保持严以律已、宽以待人、仁爱助人的精神，自然也能得到别人的尊重和喜爱。

然而，总有一些人在公共场合不注意自身言行，凡事以自己为先，忽视他人感受，其行为虽未触犯法律，但却在道德层面为人不齿，造成一些不良的社会影响。

一次，某小区排队领证件，一位中年女士几次三番企图插队，吵吵嚷嚷说她着急接孩子放学，没时间排队，希望能优先给她安排。

她的这种行为遭到了现场排队的人的一致反对，大家纷纷抱怨说："谁家没孩子？谁家没事儿？你随便找个理由就可以插队，那还不乱套了呀？"

但这位女士非但不听，反而更来劲了，强硬插队，结果现场秩序一下子变得混乱起来，领证件的速度反而更慢了。最后，还是一位好心的小伙子主动把位置让给这位女士，自己去后面重新排队，才平息了这场插队"风波"。

公众礼仪无小事，有时候，我们认为无足轻重的事情，往往已经对他人产生了重大影响。比如在公交车上大声打电话，商场大吵大闹，在列车座位上脱鞋等，当看到这些不雅举止的时候，你内心是否也会产生厌烦的情绪呢？

所谓公共场合，就是大家共同拥有的空间，一个有修养的人在公共场合从不会做影响他人的事情。尤其在公交车、火车、飞机等公共交通工具上，我们都要注意自己的行为举止，避免说一些会引起周围人不适的话题，做出一些让人皱眉头的事情。

第五章
仪容谈吐

站姿是一切仪态之首

如果细心观察主持人、空姐、迎宾人员等，你就会发现，这些仪表堂堂的人最出众的并不是相貌，而是体姿。尤其是站姿，给人一种挺拔、优美的感觉。

站姿不仅反映了一个人的体态，更展示了一个人的精神面貌、风度气质，甚至是品质修养。我们常用“玉树临风”一词形容人姿容秀美、风度潇洒，也是看中“树”直立、挺拔的品质，与人们彬彬有礼时端正的站姿相似。一个人的站姿，不但能影响人的外貌观感，更能传递出一种精气神，让他人感受到你的人品和气度。

有一档演艺类综艺节目，几位演员根据剧本要求，分别扮演在战争中拯救人民的英雄以及被救的百姓。几位演员需要演绎一大段关于革命信仰、未来希望等内容的台词，并用表演打动观众。然而，扮演英雄的演员体态不佳，在表演过程中，站立时含胸驼背、肩臂紧张，前倾的脖颈像犯颈椎病一样，让观众大呼别扭。

在表演点评环节，评委评价这位演员：“你的整个体态和站姿，难以让人信服你演的是一个英雄。有信仰、有希望、有坚定信心的英雄，起码在站姿上给人的感觉应该是一身正气的，应该是自信而充满力量的。但是你歪着脖子、弯腰驼背的站姿，就让观众对你演的人物画了个问号，觉得你演的可能是个反派。因为你给人的气质和感觉就不像一个英雄。”

评委的这段点评虽然是针对演员的，但也提醒了我们：要想让别人对你有好印象，判断你是个人品正直、精神饱满、值得信赖的人，首先就要获得第一印象分，用站姿赢得他人的好评。

中国作为礼仪之邦，站立的姿势也有着相应的礼仪规范。首先，无论是单纯地站立等待，还是与人对话时的站立，都要两眼平视前方或看着对话的人，表情也要自然。两个肩膀保持平正，挺胸收腹，脖颈挺直，下巴微微内收，双腿并拢，双手自然垂放在身体两侧。

其次，在站立时要注意避免做出歪头斜脑、弯腰驼背、双手环抱胸前等动作，也要避免抖腿、东张西望、随意倚靠周围廊柱和桌椅等。双手插兜或叉腰站立的姿势，更是社交站姿中的忌讳，容易给人留下轻蔑、不尊重他人的不良感受，要尽量避免。

俗语有云：“坐有坐样，站有站相。”站姿作为一切仪态之首，是给我们社交形象加分的关键。虽然我们不必像军人一样站姿挺拔如白杨，但你若能站出亭亭玉立、玉树临风之感，也能让人觉得你神清气爽、气质出众，进而给人留下良好的印象。

不可靠的站相：倚门

《礼记·曲礼上》中，就有“立必正方，不倾听”的规矩，告诉人们在出席正式场合时，站立就要保持端正，不要左顾右盼、外头探听。《弟子规》中“勿践阈，勿跛倚”一句，也是对人们站立姿势的训诫。意思是有规矩、有礼貌的人，在站立时要端正，不要踩着门槛，或者把身体重心倚在一条腿上，摆出一副无力倚靠的形象。

在中国的传统老规矩里，也告诉我们，歪着身子靠在门框上，是一种极其不雅的站相。

尤其对女子来说，倚门站立是最大的忌讳。在古代，一些青楼女子为了招揽顾客，常常浓妆艳抹，将身体倚靠在门上，嬉皮笑脸地拉客。这样的姿态慵懒、散漫、轻浮，几乎成为青楼女子们的标志性动作。

站有站相，歪着身子站在别人家的门口，或久靠在门外的门框上，既不文明，也不雅观。倚着门的同时再与人交谈，更显得痞里痞气，有损自身形象的同时，还会让他人觉得不受尊重。所以，长辈对晚辈，从小就立下了不能靠门站的规矩。

无论是日常社交还是商务活动，良好的站姿都能给他人留下挺拔、舒展的印象，会让人觉得这个人是精力充沛、自信满满、积极进取的。所以，我们在日常社交中也要传承中国传统站姿的规矩，站姿以正为佳，像挺拔的草木一样，这种站姿不仅能充分展示自身魅力，也能给人良好的气场。

姿态显品性，坐姿看素养

坐姿是社交中最常使用的姿势之一，坐出端正之姿，是尊礼敬人的体现，也是一个人品性、素养的展示。

在宋代以前，没有椅凳，人都席地而坐。坐姿也与现在不同，是以两膝着地，两股贴于两脚跟上，类似于现在的跪姿。

关于“坐”的规矩，《论语·乡党》中有“席不正，不坐”的说法。《弟子规》中则记录：“勿箕踞，勿摇髀”，告诉人们坐着时不要双腿伸直、大开大合地坐，也不要坐着晃大腿。这都是中国古代礼仪中对坐的要求。

尊崇礼数的孔子，就曾经因为其老朋友原壤坐姿不雅训斥过他。某次，原壤双腿伸开，像个簸箕一样随意坐着等孔子，孔子看到后，当场大怒，一边用拐杖打原壤的小腿，一边骂他：“从小无礼、不懂事，长大后没有作为，等年老又不死，那就会变成害人精。”因为原壤这种随便的坐姿，在中国古代礼仪中是傲慢无礼的一种表现，绝不能出现于正式场合，在长辈面前更应避免。用这种坐姿示人，甚至有侮辱、不尊重人的意思，所以孔子才会如此生气。

我们熟悉的《史记》记载了荆轲刺秦王的故事。荆轲刺杀秦王失败后，就曾靠着柱子，将双腿张开，像个簸箕一样，并辱骂秦王。其表现的含义就是：我虽然杀不了你，但是我现在要用我的肢体语言鄙视你，我要边骂边用无礼的坐姿侮辱你。

由此可见，“坐”在中国传统礼仪中，不仅代表一个人的体态姿势，更表达着一个人的礼貌与情绪。如今的生活和社交中，虽然我们已经不需要席地而坐，但传统文化中关于“坐”的礼仪，于今天仍然有学习和使用价值。

日常社交中，为表示自身的端庄有礼，以及对他人的尊重，我们无论是坐在沙发上还是坐在椅子上时，都要注意以下几点。

第一，不能懒散仰靠，只可上身稍微向后倾，自然地靠在靠背上；第二，不要坐满，避免紧靠椅子或沙发背，坐椅子的三分之二即可；第三，坐时两肩放松，男性可以两腿分开，宽度与肩宽大致相同。而女性在坐时则要注意避免分腿而坐，防止造成“走光”。另外，如果谈话时手无处放，可以将手自然地放在腿上或椅子扶手上，这样端庄大方的从容坐姿，更容易给对方留下你很优雅的印象。

除了优雅的印象，好坐姿还能让人觉得你踏实稳重，有礼有节。

《礼记·曲礼》中有“侍坐于长者，屦不上于堂”，要求人们不能穿鞋入席，要脱去鞋子入席。古代脱鞋而坐的目的是保持清洁和安静。放到今天，虽然我们入座时无须脱鞋，但要传承这一礼节的精髓，入座时还是应该尽量保持安静，动作宜轻柔、缓和，避免幅度过大磕碰到座椅而影响他人。落座后也要摆正身体，避免前仰后合或左右摇晃，因为这些不良的坐姿，很容易让别人觉得你坐卧不安、毛毛躁躁。相对的，如果在社交落座时，我们能规避这些错误，则更容易让人觉得你踏实稳重、专注且尊重他人。

总之，传统文化中部分关于“坐”的礼仪，在今天仍然适用。学会入座轻、身摆正、坐姿端，在今天的社交中也能助你获得落落大方、从容优雅的美名。

走路的规矩你知道吗

中国人重规矩，言谈举止都有相应的规范。而“走”作为我们生活中最常用的动作，展现的是人在行动中的动态之美。传统礼仪中对“行如风”的描述，强调的就是人行走时步态轻盈，如清风过水面，优美而从容的样子。

关于行走的规矩，早在汉代《释名·释姿容》中就有记载，其中对不同的走姿是这样描述的：“两脚进曰行，徐行曰步，疾行曰趋，疾趋曰走。”

两脚慢慢行进叫作“行”；比“行”稍微慢一点儿的叫作“步”；比“步”稍微快一点儿的叫作“趋”；比“趋”更快的叫作“走”，就是我们今天说的“跑”。

不同的走路姿势，使用的场合，也有着严格的规矩。比如，跟长辈一同外出，走的时候，要用“步”的走路方式，也就是“徐行”。不要因为长辈走得慢，就觉得不耐烦，而应跟在他后面。

比“步”快一些的是“趋”，我们在电视剧中经常能看到，大臣们在上朝的时候，会迈着小碎步急促地向前走，迅速走向自己的位置站定，这就是“趋”。“趋”是古代行走礼仪的重要体现，尤其在君主面前，一定要做出这个姿势，好像小辈人看到长辈要迅速过去打招呼一样，是在表达对对方的尊敬。千万不要不紧不慢，会让人觉得自己不受重视。

在古代，还有一种很奇特的走路方式，叫作“奔”，有种甩开膀子在大路上狂奔的感觉。有个成语叫“奔走相告”，这里的“奔”和“走”，就是古人常用的两种跑步姿势。

在中国的礼仪文化中，行走作为最基本的动作，能体现出一个人的修养。《论语·宪问》中就有记载：曾有乡人仰慕孔子的盛名，带着小孩来拜访孔子。等拜访者走了，有人问孔子：“您看这孩子是可造之才吗？”孔子摇摇头，当机立断即回答：“不是。”提问者很纳闷，继续问：“为什么呢？”孔子说：“刚才这孩子坐在大人的席位上，走路还跟长辈并肩而行，可见其急功近利的心性，并不是个稳妥求上进的人。”

孔子认为，一个连行走、坐立之礼都不讲究的人，自然难以成才。以古为鉴，今天的我们也应该注意自己的仪态，在不同的场合都要做到行为得体。那么，对于现代的我们而言，行走有哪些规矩呢？

首先，走路要看场合。一群人结伴而行，要注意与大家保持相似的步伐和速度，和他人保持合适的社交距离，走路过快或过慢，都会让别人觉得你不合群，会令别人疏远你。如果你是和领导一起出行，更要注意，要走在领导的身后并保持适当距离，千万不要超过领导，否则会让对方觉得自己不被尊重，也要避免落后太远，让对方等待。

其次，走路的时候不要左顾右盼，不可大幅度甩手，不可“内八字”或者“外八字”。在起步时上身要略前倾，注意将身体重心放在前脚掌。脚落地时，避免鞋底擦地，也要避免落脚过重，而要力度适中、步态轻盈，这样才能通过走路让他人感受到你的矫健和优美。

行走坐卧皆学问，从走路开始，端正自身的仪表，才能让我们的内在修养更直接地体现在外在动作中。立足今日社会，也需要我们迈开步伐，走出气场，给他人一个举止得体的印象，才能获得更多的赞美与尊敬。

面带三分笑，礼数已先到

俗话说："相由心生，境由心造。"意思是，我们对事物的看法和观感，是由我们内心决定的，不同精神状态下，我们看到同一物相，会有不同的心情。当人们精神饱满、心情愉悦时，面相自然是明亮美好的，而当人们失意悲伤、焦躁抑郁时，通过面相表情传递给别人的，也将是灰暗的情绪色彩。

这也就解释了为什么我们经常会遇到一些人，虽然衣着光鲜体面，但却总传递给人负面情绪和不良观感。一个人面相上缺少愉悦和微笑，即使再举止得当、进退有度，也会让人觉得为人倨傲、高不可攀，不是好相处之人。所以，社交中最高级的礼仪是微笑，用微笑创造温馨和谐的氛围，将你对他人的关怀、理解和尊重渗透进笑容，才是缩短人与人之间距离的方式。

人们常说："面带三分笑，礼数已先到"，微笑是人与人之间传达情感最好的礼节。拥有自信微笑的人，往往能在社交中获得"万能通行证"。与人见面时，面带几分微笑，能让人感受到你的尊重和亲和力；谈话交流时，适当地露出微笑，表达的是对对方的赞同和鼓励。

中国文化自古崇礼，古人尤其推崇微笑这种社交礼仪，认为微笑是真挚、坦诚的象征，能够传递给人信任、愉悦、友善等正面情绪，笑容也有一系列讲究。学会微笑，你就能在人际交往中胜人一筹，拉近自己与他人的距离。

那么，笑容有哪些讲究呢？

《礼记·檀弓上·疏》中记载："凡人大笑则露齿本，中笑则露齿，微笑则不见齿。"这段话将笑容分为大笑、中笑、微笑三个层次。古人礼仪中讲究含蓄微笑，笑不露齿是有礼的象征，而放荡不羁地露齿大笑，则会被认为是在讥讽别人，所以古代用"齿冷"表示对人的讥讽。

另外，中国古礼中还讲究笑需看时宜，不可乱笑一通，要分场合和气氛，比如在探病时，笑容不可露牙龈；与长辈相处时，不可随意嬉笑。这些关于笑容的规矩，在今天虽不完全适用，但也仍可取其精华，作为参考。

通过表情传达内心

我们在与人初次见面时，经常会产生“这个人看起来很好相处 / 不好相处”的想法，奠定我们对他人的印象。之所以会产生这些印象，很多时候都由对方的表情决定。

一个人的面部表情变化，能够直接地传达出内心的感受，并让对方感受到这种情绪。“礼貌”一词在今天虽然是用来形容行为举止的，但追溯到古代文化中，其实指的是有礼之貌。从这个词中，我们也不难理解，在人与人的交往中，首先要通过面部表情，如面部肌肉、眼神、嘴部等变化，来传递你的情绪状态，让对方看到你恭敬有礼的样子。

在中国的传统文化中，有很多关于“表情管理”的规矩。《礼记·冠义》中提到“礼义之始，在于正容体、齐颜色、顺辞令。”讲的是礼仪的开始，就要端正容颜和体态，表情要端庄，说话要说恭敬的言辞。而《礼记·玉藻》中也强调“九容”，从手脚、目光、言谈等九个方面对一个人的容颜体态进行了精准概括。其中“目容端”，强调的就是面部表情，告诉我们应以目光作礼，用眼神传递一种恭敬平和的内心状态。

其实，“表情”本身并没有好坏之分，因为表情是一个人内心世界的自然流露。就像孩子，一会儿哭，转眼又会笑起来，在大人眼里，这种喜怒无常的表情是孩子很正常的表现。不过，当我们成年后，就不能随便感情用事，应学会在合适的场合运用合适的表情。

比如，拜访前辈师长时，要微笑热情，让对方感受到尊重和亲近；与同事、领导对接工作时，表情要柔和、专注，让对方感受到我们对其重视和关注；面对社交中的争吵，也要避免面目狰狞，而要用缓和的表情，说有理有据的话。

现如今生活节奏加快，很多人在压力下习惯性地“面无表情”，这就容易给他人留下你不开心、难相处、事不关己高高挂起的印象，同时这种“面无表情”也显得我们很没有礼貌。所以，想让更多人觉得你和善可亲、好相处，就要学会控制表情，用丰富的表情传达或者补充你的意图，让对方直观感受到你的内心所想。小小的表情，也将成为你和他人沟通的桥梁，促进人与人之间的理解和共情。

从执手礼到握手礼

握手礼是现代社交中最为常见的一种礼仪，广泛应用于商务会面、交友等场合。与人会面时，点头礼太随意，鞠躬礼太正式，拥抱礼肢体接触较多，不是很符合中国人的文化习惯，所以握手礼就变成社交的首选招呼礼。

或许有人认为，握手礼是从西方传过来的，并非中国传统礼仪。其实，早在先秦时期，我们的祖先就已经在使用和握手礼类似的动作了。这种和现代握手礼相似的动作，在我国古代被称为“执手礼”。

关于执手礼的记载，最早普遍见于魏晋南北朝时期。东晋时期，北方地区举办丧礼，在亲友前来吊唁时，主人家需要与客人执手致谢，这和今天我们参加追悼会，吊唁死者后要慰问家属、与家属握手的礼节上有着相似之处。

除了用于古代吊唁场合，与今天握手礼相似的执手礼，在古代礼仪文化中有“尊敬”“感谢”“不舍”等多种含义，还被广泛应用于送别、慰问等许多场合。

《南史》曾经记载过这样一段故事，南朝武林内史刘悛为官清廉、管治有方，深得民众爱戴。当时明帝驾崩，刘悛根据为官之礼，前去都城为明帝奔丧。都城的百姓知道刘悛前来，成千上万人排着队去送他，而刘悛见热情的送行百姓，也与百姓一一执手，一边依依不舍，一边对着百姓哭泣，现场百姓对刘悛执手之礼的做法十分感动。

这里刘悛对百姓执手，就类似今天领导下基层慰问百姓，会与百姓亲切地握手、打招呼，以表示对百姓的感谢与尊重，而百姓与刘悛执手，表达的是一份爱戴、敬重的情感。

除了执手礼，还有一种与握手相似的“奉手礼”，即见礼者双手握住对方一只手，表示尊敬亲密的含义。《礼记》中记载，这种奉手礼一般用于小孩子对长辈见礼，需双手握住长辈一只手来表达敬意。这和今天的握手礼已经基本相似。

无论是古代执手礼、奉手礼，还是演变至今的握手礼，目的都是在双方握手接触时传递温暖和尊重。所以，我们需要对握手的方式和力度、握手的时间等都有恰当的把握，重视握手时的小细节，才能通过握手将美好感情传递给他人。

可是在现实生活中，很多人从来不注意这些细节，从握手开始就给自己减分。比如，大学毕业典礼上，都会有颁发学位证书和校长为学生拨学位帽上流苏的环节。一般在这个环节中，校长会与学生握手，恭喜学生毕业，祝福学生前程似锦，但很多学生上台接受证书后，都习惯单手和校长握手，这甚至已经成为现在较为普遍的现象。

其实，这就是错误握手的方式。在这样的正式场合中，校长在年龄、学问上，是学生的长辈、前辈，而单手握手就是将双方的身份放在同等地位，是比较无礼的方式。正确的握手方式是，学生上前以双手握住校长的手，且握手时微微向前屈身，这样既能表达对校长教育栽培的感激之情，也能传递出学生对校长的尊重和敬意，才是更合礼数的做法。

现代社交中，要想达到“握手言欢”的目的，我们可以从把握分寸、注意禁忌两个方面做起。

首先，握手礼的分寸很重要，忌握手力度过轻或过重。力度过重会让人觉得粗鲁无礼，而过轻也会让人觉得你看不起对方、敷衍了事。所以，正确的做法是力度适中，用手掌和手指全握对方的手，并在握手后稍微上下摇晃，进行互动。除了力度，握手的时间也要适中，一般三秒钟即可。特别是和同性握手，如果时间过长或者力度过大，会让对方觉得有挑衅之意。

除了必要的分寸，握手礼也有很多禁忌。一是忌用左手握手，在一些国家，左手有其特殊的内涵，通常情况下，人们都会用右手握手；二是忌握手时掌心下压。掌心下压与人握手，会让人觉得你是个目中无人的人，有不恭敬、不谦虚的意思；三是忌握手时戴手套、忌心不在焉，这两种做法都会让人觉得不被尊重。

中国作为礼仪之邦，具有悠久而丰富的传统礼仪文化，像握手礼这样中西通用的礼仪，社交中运用得好，既能传达友好亲切之意，又能收获他人的尊重。

鞠躬礼，弯腰间尽显礼数

谈起现代人互相打招呼致敬的方式，点头、握手、鞠躬、拥抱都是比较常见的，而鞠躬又属于重大场合中使用频率比较高的一种。我们前面提到过，这种礼仪常用于晚辈对年龄大、地位高的人行礼，也广泛出现于外交、道谢、默哀等多种场合。

鞠躬礼正式成为中国礼仪，则是在民国时期。为废除封建社会的磕头礼，民国政府颁布新礼仪，鞠躬礼就在其中，表达的是对他人的尊重与敬意，所谓“敬人者，人恒敬之”。通过鞠躬礼适当地表达敬意，我们收获的甚至可能是礼遇之外的善缘。

当年吴宓用鞠躬礼打动王国维，劝说其进清华任教的故事，就是以礼敬人，得人回敬的典型例子。

1925 年，清华大学正值蓬勃发展之际，因创办研究院，需要广纳贤能、延聘名师。当时清华大学邀请名师任教的一般流程，会先发公函写明聘请的诚意，并一一列出需要对方承担的课程任务、课时薪酬等内容，请对方考虑后以寄出聘书的方式回复。

当时吴宓教授负责筹办清华建国学院，他想邀国学泰斗王国维任教，但吴宓深知王国维先生性格刚峻、学富五车，用发公函的方式邀请这样的学者领袖，未免不够诚意，有失恭敬。思考之后，吴宓请清华校长亲笔写信邀请王国维先生，并拿着信，亲自登门拜访。

作为传统学者，王国维本来对吴宓这样的海归学者心存偏见。没想到，吴宓登门拜访，不但拿着清华校长的亲笔邀请信，还以礼贤下士的传统礼节，给王国维毕恭毕敬地鞠了三个躬，并双手呈上信件，言辞恳切地说明了清华研究院对王国维这样的国学大师很渴慕，希望其能够前来任教。

被吴宓一番周到礼仪打动的王国维，当日就决定接受清华大学的聘书。后来，精于礼仪之道的王国维又给吴宓回礼，并一改之前对吴宓的偏见，用很正式的传统回礼，表示自己对吴宓的敬重，这次聘请经历也让这二人成为终生之交，因此而传为佳话。

王国维与清华大学结缘的过程中，吴宓之功至关重要。而这件事中最打动王国维的，正是吴宓的鞠躬礼。一个留洋海外的学者，仍坚持中国传统礼仪，毕恭毕敬地鞠躬邀请，自然让国学大师王国维心存感动，应允回敬。

日常社交中，我们使用的鞠躬礼，与前面所讲民国时期的鞠躬礼并无太大差别，其表达含义完全一致，即较为郑重地对他人表示尊重和敬佩。行完礼起身后，可以再礼貌地注视对方一下，表示自己的专注和敬重，这样一个完整的鞠躬就完成了。

弯腰之间尽显礼数，庄重之中传递敬意。人们在社交中都希望受到尊敬，在适当的时候使用鞠躬礼，将礼仪化作自身谦和的标签，那么在传递敬意的同时，我们也将收获他人同等的尊重。

把服饰当成形象投资

俗话说得好：“佛靠金装，人靠衣装。三分长相，七分打扮。”服饰、仪容是一个人为自己的外貌和社交印象加分最简单、最直接的手段。自古以来，中国人就十分重视服饰问题。

中华传统规矩中，君子的衣着打扮首先要求冠正，其次要求衣洁。在衣冠穿戴方面也有讲究，要求“三紧”，即帽带、腰带、鞋带都系紧。这些都体现出古代社会对人的服饰方面的严谨要求。衣冠正，则人庄重；反之，服饰放肆，则人不端。有时候，穿衣着装在古代，甚至是衡量一个人的品行标准之一。

《左传》中就曾记载春秋时期的赵盾，因为衣着举止端庄而感动杀手，从而避免杀身之祸的故事。

春秋时期，晋国的晋灵公是个昏庸无道的君主，而其手下大臣赵盾，却是个忠君爱国、敢于直言进谏的大忠臣。但忠言逆耳，因为赵盾屡次直言进谏，惹得晋灵公十分恼火，所以对这名忠臣起了杀心。于是，晋灵公派了一位杀手去刺杀赵盾。这位被晋灵公选派的杀手，是个武艺高强、心系家国的人。他在接到任务后，深更半夜就来到了赵盾家附近，早早进行埋伏，准备伺机动手。可让杀手大感意外的是，当他凌晨三点多来到时，却见到了早已起床的赵盾。只见赵盾一身利落朝服，衣冠整齐，正端庄地坐在室门打开的寝屋内，闭目养神，等待上早朝。

杀手见到这样的情景，不禁想到："这赵盾一个人的时候都衣冠整齐，不忘恭敬，这是能为民众做主，能成为国家栋梁的好人啊！我如今若是杀了他，那就是对不起民众，是对国家的不忠，但我如果不杀他，岂不是失信于晋灵公，这是为人不信。"于是，陷入两难的杀手选择"触槐而死"，用自己的死，放过了忠臣赵盾，也成全了自己的忠信。

因为"不忘恭敬，盛服待朝"，赵盾躲过了一场杀身之祸，由此可见，一个人的衣冠端正、体貌端庄，体现的是自身的高洁品质和严以律己，产生的是足以影响他人的强大力量。

衣着打扮是一个人最显眼的说明书，"说明书"写不好，与人相处自然"错误多多"。所以，在现代人际交往中，我们不妨沿袭中国古代礼仪"冠必正，纽必结"的文化遗风，把服饰端庄当作一种职业投资，穿着得体，赢得职业社交好印象。

作为律师，如果见客户穿着运动装，会难以取得他人的信任和尊重，而穿着正装西服，则能给人认真、专业的感觉；作为老师，如果穿着奇装异服，就会让人对其生活作风和教育能力产生怀疑，而穿着文雅得体，则更容易受到学生和家长的喜欢与信赖；作为老板，如果穿着邋里邋遢，就会让人怀疑经营公司的背景实力，而穿着体面，就会更让人信服其经济实力。

我们的穿着不仅要从个人喜好出发，更要考虑自身的年龄、身份、场合等因素，在穿出品位、穿出靓丽的同时，更要穿出得体。

除了基本的服饰整洁之外，还要学会穿符合自己年龄的衣服。年轻职场人应以颜色明亮、款式新潮的样式为主，亮色容易给人活泼轻快的感觉，而基础款新潮服饰，能让人觉得你是紧跟潮流、思想先进的人；中年职场人则可以选择成熟、经典款服饰。比如男士可以选择深色衬衫配经典夹克衫或西服，更容易给人稳重的感觉，女士则可以选择版型干练的西装裙套装，或女士西装长裤配款式简约的衬衫等，这样能显示职场人的干练。

另外，服饰搭配也要选对场合，上班、聚会、外出见客户，场合不同，所穿的服饰也不同。

日常工作，为保证舒适度和职场正式感，我们要注意选择职业装，比如衬衫、西裤、风衣等，把自己干练的一面展示给同事和上司；休闲聚会场合，可以选择运动服、牛仔服等，无论和同事还是朋友相聚，展示出你亲近、活泼的一面。这有助于我们在正式社交场合提高自己的威信，为自己的形象加分。

总之，端庄得体的服饰搭配，表现的是我们对他人的尊重，也展现我们能游刃有余地管理好自身。所以，不妨将服饰当成一种形象投资，在穿出精彩的同时，让他人对你另眼相看。

男士的穿衣原则

中国作为礼仪之邦，有很多优秀的传统被延续下来。时至今日，虽然我们已经不再穿着古代广袖宽袍的服饰，但传统服饰中所强调的仪表、礼节，仍然值得我们重视。中国服饰礼仪教给我们的，不是衣冠如何穿，而是衣冠如何穿得“正”。衣冠有礼则人有节，这是传统礼仪穿衣戴帽的精神内核。

《左传》中“子路正冠而死”的故事，传递给我们的就是一种中国自古以来着装礼仪中的一种原则。卫国内乱时，孔子的门生子路认为自己受卫国供养，就不应该在国难时逃跑。而后，在战乱中，子路受了重伤，连帽璎都被人挑断落地了。子路忍着剧痛，一边捡起地上的帽子，一边喃喃自语：“君子死，冠不免。”随后系好帽璎，戴正帽子，才最终死去。

子路这种对帽子的重视，其实是一种对仪表和礼节的重视，是中国式礼仪中的君子修养。衣着穿戴，在中国礼仪文化中，都不仅仅是服饰本身，而代表了一种态度、气节和原则，这在今天的社交着装礼仪中，仍然需要我们传承和坚守。

中国传统礼仪重视男士的君子风度，强调穿衣戴帽的庄重有礼。这里的君子风度，其实就是我们现在所说的绅士气质。

时至今日，虽然我们不必和子路一样正冠守节，但仍然需要按照与时俱进的准则，严格要求自己的着装。以下简要介绍一下男士的穿衣原则。

首先，就是色彩搭配原则。参加正式商务活动时，男士穿西服套装，全身颜色和色系不能超过三种，这样才能给人正式、严谨、庄重的感觉。而且，男士在穿西服套装时，身上的腰带、皮鞋、公文包这三个重要配件应该用同一色系，且以黑色较好。遵循这样的原则，更容易给人协调、从容、庄重的感觉，也更容易在社交中给人留下值得信任、有威严、更专业的印象。

另外，男士服装礼仪中还有“三大禁忌”。一是忌西装里穿图案过于复杂的羊毛衫，这会给人随意的感觉，觉得男士的形象过于休闲，也会影响西装的板正和利落；二是忌穿西装不拆商标。一些男士穿新衣服时偶尔会忘记剪标，容易给人马虎、粗糙的印象；三是忌穿浅色袜子（穿白鞋时不必遵循此原则）。浅色袜子容易和男士着装整体深沉的搭配相违和。

从古至今，中华传统礼仪对男士着装的要求，其核心都并不止于“形”，而是从着装之“形”，延伸出的礼节之“神”。无论古代君子冠正的礼仪，还是今天着装要求，目的都是让男士展示出君子气节、端方气质和绅士风度。

旗袍，最适合中国女性的礼服

如果为中国女士选择礼服，相信很多人会毫不犹豫地选择旗袍。提起旗袍，立刻能让人将其与女性的婉约、窈窕、婀娜、庄重等描写联系起来，给人以端庄有礼、娉婷多姿的想象。

旗袍作为中国传统服饰之一，起源时间并不遥远，是在20世纪20年代开始流行。当时正值新旧时代交替之际，受西方服饰影响，我国古代的袍服经过不断改进，逐渐进入了千家万户，为广大女性所接受。

旗袍作为传统服饰，融合了中国古典文化和北方少数民族服饰的元素，其明快的线条和流畅的剪裁，能更好地展示女性的曲线美和端庄仪态。随着民国文化、外交的不断开放发展，旗袍与旗袍穿着礼仪，也逐渐深入人心。尤其在各种重要场合中，我们更是经常能看到优秀女性穿着旗袍的身影。

思想先进的宋庆龄女士曾经这样谈论旗袍，她认为旗袍不仅仅是一种当时中国流行的女装，而且是一种能够展现中国文化、礼仪、特色的传统服饰。所以，在很多次接见外国友人时，宋庆龄都选择穿着旗袍，并同时将旗袍作为中国特色礼物赠送给外宾。可以说，旗袍之于中国女性，不仅是一件服装，更是一种文化载体，展现的是中国女性的优雅、魅力。

在穿着旗袍时，我们需要注意以下几个方面。

首先，对旗袍花色、剪裁的选择要合适。真丝、棉布等不同材料的旗袍会有不一样的视觉效果，我们要根据场合选择旗袍面料和花色。棉布旗袍和素色花色会显得人更雅致朴素，而色彩鲜艳的真丝面料，则会显得人更华丽高贵。不同花色款式的旗袍，选对穿着场合，就能让你气质翻倍。另外需要注意，因为旗袍是修身的衣服，所以剪裁要合体，尤其领口、袖口、臀围、腰围等处要合身，避免过于紧绷或宽松。旗袍合体，才能放大你的美。

其次，穿着旗袍对女性的仪态要求较高，穿着旗袍很容易看出女性曲线，需要注意避免弯腰驼背，避免大开大合的坐姿。穿旗袍入座时可以用手捋一下旗袍后面，慢坐、轻坐，保持双腿并拢，上身挺直、微斜的姿势，坐时留三分之一，不要把椅子坐满。且吃饭时也要注意，避免大幅度抬动胳膊，尽量用小臂文雅进食，避免露出腋下。

最后，旗袍不同于一般礼服，尤其讲究板正，穿旗袍需要将所有纽扣都扣上，内衣要保证轮廓无痕，不可外露。旗袍的开衩也不宜太高，不可超过膝盖边缘 10 厘米。恰当的尺寸和恰当的妩媚，才能给人性感和庄重有礼的印象。

选择旗袍作为礼服，是我们对中国传统文化的传承与传播，也是我们对自身魅力的展示。掌握以上旗袍的着装礼仪，相信我们都能在重要场合以光彩照人的形象，赢得他人的欣赏。

用色彩给你的外表加分

服饰展示的是一个人内在的精神面貌和审美情趣，是社交中一种无声的语言。而服饰的色彩，更是超越款式之上的形象和风度，可以给人增加不同的气场和观感。在不同场合中选不同色彩的衣服，是服饰规范中重要的一条。合适的服装色彩搭配，是一道风景，有时候也是一种情绪的传递。早在中国古代传统礼仪文化中，就有服装色彩方面的讲究。

中国古代自殷商时期开始，就十分崇尚白色。到先秦时期，则认为白衣是高雅漂亮的衣服，将其当作吉服，每当有庄重、严肃的场合，人们就会穿着白衣，白衣在当时广受欢迎。我们熟知的荆轲刺秦王的故事中，就有这样一段关于“白衣送壮士”的记载。

《史记·荆轲传》中写到“太子及宾客知其事者，皆白衣冠以送之”，说的就是在得知荆轲要去刺杀秦王后，太子丹与其朋友们都穿着一身白衣，来到了易水边上为壮士荆轲送行。这里太子丹和朋友们身着白衣送行，并不是像现代人所理解的，白衣为送殡丧服的含义，而是古人表达庄严、尊重的一种服饰礼仪，在送别壮士荆轲这样的严肃场合中，用白衣表达一种悲壮、敬重之情。

随着历史和服饰文化的发展演变，服饰色彩所代表的内涵也在不断变化。从秦朝以黑色为尊，到隋唐开始以黄色为御用颜色。服装色彩在中国传统礼仪文化中，除美观之外，还有地位、身份等更深层次的文化内涵。

时至今日，我们已经无须用服饰颜色来区分身份地位，但是利用好服装色彩搭配，却还是能够提升你在他人心中的“地位”和好感度。恰当的服装色彩搭配，可以帮我们扬长避短，更好地修饰和升级自身形象。一副好形象不但能提升自信，也能让他人从你精致得体的穿搭中感受到优雅、得体、礼貌。

利用服装色彩搭配提升形象，我们需要学会主色调相配、同色相配、邻近色相配三种方式。

在服装搭配选择时，要先选一种主色调作为基础色调，再遵循色彩分明、相得益彰的原则，增加一到两种次要颜色搭配，并记住全身最多不超过三种颜色，保证用色不复杂、不凌乱。比如，我们选择主色调后，如果想通过色彩吸引他人注意，就可以选择主色调的对比色为自己添彩。红和绿、蓝和橙、黑和白这些对比色都能产生较为强烈的审美效果，提高吸睛度。

如果想打造更为柔和、自然的形象，则可以选择同色相配的服装搭配方式。把明度接近的服饰搭配起来，也就是我们常说的“相同色系”的衣服，比如，穿深灰的裤子，配浅灰的上衣，这样上下搭配、色彩相近，可以给人和谐的美感，塑造一种优雅、利落的形象。

而想表现形象中活泼靓丽的一面，我们也可以采用邻色相配的方法。鲜艳颜色未必踩雷，搭配好就有“1+1 > 2”的效果。邻近的颜色有更好的调和作用，在选择邻近色搭配时，我们可以把颜色稍微错开，比如深蓝和浅绿色相配，这样调和中又有变化，能塑造活泼又不失稳妥的形象。

总之，服饰礼仪中，并非一成不变地坚持“黑白灰”的色彩搭配才算专业，只要学会色彩搭配，任何颜色的服装，我们都能穿出精致自信，穿出美好形象，让别人感受到这份精致穿搭所传递的个人修养和好气质。

鞋子搭配也有不少讲究

众所周知，服饰是中国传统文化礼仪的重要内容之一。但所谓服饰，并不简单指服装、饰品的搭配，凡穿戴涉及的细节，都有其内涵，就连鞋子搭配也有不少讲究。早在西周的儒家经典《周礼》中，就有对古代鞋履礼仪的记载。

古代的鞋子分为皮革、布制、草编等不同类型，不同类型和颜色的鞋子，有着不同的穿着规矩，鞋履的穿着受当时礼教的制束。《周礼》中规定，君王、后妃以及百官所穿的鞋子，根据身份不同，要用不同的颜色，且鞋子要与服饰相配。君王和诸侯可选择的鞋子颜色有红、白、黑三种，其中以赤色最为尊贵，而后宫女眷和命妇可以穿的鞋子，要使用玄（红黑色）、青、红三种颜色，其中能穿玄色鞋子的女子最为尊贵。从古代“精英阶层”的礼教文化来看，服饰和鞋子的搭配，彰显的是地位和身份，是穿着上的分寸与规矩。《礼记·玉藻》中就有“童子不裘不帛，不屦絇（jù qú），无缌服”的规定，讲的是孩子的着装要以简单舒适为主，不穿貂皮大衣和绫罗绸缎，而鞋子则不要装饰。“屦絇”指的就是装饰华丽、样式繁杂的鞋子。如果当时有谁家的孩子这样穿着，不但不会让别人羡慕、赞叹，反而给人以不庄重、不本分的印象，引起老师和同学的批评。类比如今，也不难理解，穿着镶钻、闪耀的高跟鞋或者皮鞋去上学、上班，显示出的并不是人物之美，反而容易给人留下炫耀、夸张等不良印象。

在今天的交际与生活中，我们也应传承中国礼仪中对服饰、鞋子严谨搭配的优良传统，学会恰当地搭配鞋子，在一步一行中展现出自己的内涵。

无论是男士还是女士，在正式商务场合中穿一身西装或西装裙，都能让人觉得风度翩翩、彬彬有礼，但如果你穿西装时搭配了一双运动鞋，那么不管你穿的是多么大牌的衣服，也会让你的穿搭变得不伦不类。所以，鞋子搭配秘籍最重要的一条，就是和衣服的风格、适用场合要搭调、不违和。

穿着西装或正式礼服等庄重的服饰时，不能搭配运动鞋、休闲鞋、布鞋、拖鞋等不合时宜的鞋子。同时，在皮鞋的选择上，男士要避免过于新潮和造型夸张的鞋子，黑、棕等颜色低调稳重的系带皮鞋是首选。鞋子颜色以黑色为佳，如果穿着蓝色西装，则要避免搭配棕色皮鞋。

女士在搭配西装裙或者正式礼服时，则可以选择高度3 ~ 5厘米左右的高跟鞋，鞋子款式以不露脚趾为佳。款式和颜色的选择上需根据所穿服装，以同色系鞋子为佳。一般社交场合应尽量避免夸张的撞色搭配，比如蓝色西服套装就不适合搭配红色系高跟鞋，容易显得突兀。

同理，当我们在休闲运动等场合中，搭配便服、运动装等衣服时，也不适合配皮鞋这类过于板正的鞋。一方面，与场景不搭，不便于活动；另一方面，容易让他人觉得你“端着”、不伦不类、不合群。

了解鞋子的搭配秘籍，在恰当场合选择恰当的鞋子，你留给别人的印象不仅是衣品超群，更是落落大方、礼貌庄重。

配饰失礼，画虎不成反类犬

说起仪容仪表，很多人都十分关注服装和妆容，认为选对衣服、化对妆，就能在社交中呈现出最完美的自己。服装和妆容固然重要，但在很多“高手云集”、精英聚会的场合，衣服和妆容只是基础，重视“配饰”这种小细节的人，才更容易收获意想不到的好评与青睐。

中国古代服饰中的配饰是一项重要的文化符号，它不仅仅是服饰的一种装饰，更是当时社会阶层、等级、地位的象征。

在中国古代，佩饰的种类十分丰富，包括金银、珠宝、玉器等不同材质的装饰品。在中国古代的各个朝代，对所佩戴的饰品的种类，有着严格的规定。在唐代，佩戴玉佩是一种时尚，这也能反映出唐朝社会的繁荣和文化的高度发展。到了宋代，文人雅士们都喜欢佩戴“朝珠”，这也表现出了他们高贵的身份和美学情趣。到了明清时期，佩挂制度逐渐成为一种礼仪规范，不同社会地位和身份的官员以及士人，所佩戴的饰品也不同。

配饰的作用是锦上添花、画龙点睛，假如你不懂得配饰原则，而是盲目跟风，或者是单凭个人喜好，随意佩戴，在应酬时就可能因饰品搭配不当，闹出“画虎不成反类犬”的笑话来。

女士在选择配饰时，要注意避免选择和自身职业、个人气质、衣着风格反差过大的饰品；如果有成套饰品，可以成套佩戴，但全身的配饰不应超过三种，每种配饰也不要超过两件，因为过多配饰会给人凌乱、冗杂的印象。另外，佩戴耳环的女士，不妨参考古代女子佩戴步摇和禁步的注意事项，耳环的晃动幅度不宜过大，佩戴小的耳环能够展示给别人更规矩、稳重的印象，在社交中收获好人缘。

配饰不仅是女士的专利，同时也能显示出男士沉稳庄重的一面。男士腰带类似古代礼仪文化中的带钩，在选择时展现的也是男士们的身份和品位。在男士选择腰带时，要注意区分工作和休闲的不同使用场合。工作中，男士腰带选择黑色、棕色等低调颜色的皮革腰带为佳，腰带宽度选择 3 厘米以内为适宜。而休闲场合中，则可以选择更为个性、夸张的款式，显示自己独特品位。

另外，手表也是男士配饰中的点睛之笔。戴手表的男士更容易给人踏实、守信、专业的印象，手表的选择可以反映出一个人为人处世的习惯。所以，男士选择手表时要避免佩戴质量不佳、造型夸张、不符合穿搭的手表，可以选择经典款式的机械表，颜色首选黑色、金色、银色等低调颜色。这些配饰用得好，都能让男士在社交中获得好评。

服装展现的是品质，配饰展现的则是品位。中国人的规矩，也体现在这些小小的配饰物件中。现代社交中，学会从配饰小物件中提升自己的品位和气质，也能帮你收获高质量的社交大天地。

香水使用并非多多益善

提起香水，很多人觉得是西方盛行的东西，属于“舶来品”。其实，在香料和香薰的使用方面，中国自有其悠久历史。早在春秋战国时期，古代先民就已经会使用植物性香料，并有相关记载，兰、蕙、桂等，都是当时使用的主要香料。

翻阅古籍可以了解到，中国古代的帝王将相和文人雅士，大多数对香料情有独钟。因为古人认为使用香和品香，都能达到驱虫避秽、修身养性等效果。在许多经典诗词中，我们都可以见到“香”的影子。南唐后主李煜有词“红日已高三丈透，金炉次第添香兽”，这里的“香兽”，指的就是用炭屑末和香料混合制成的一种兽形燃料，能做室内熏香，或放置在衣裳底下，用燃香的味道熏衣服，这些都是古代用香的常见方式。

在古代，文人雅士十分注重个人体味。为增加体香，当时人们会用丝线手工缝制香包，其中塞入芳香草药，挂在腰间作为装饰，其作用与当代的香水有异曲同工之妙。

《晋书·贾充传》中曾记载过一段与香料有关的“窃香”佳话。西晋时期，权倾朝野的大臣贾充有两个女儿，大女儿嫁晋惠帝为皇后，而贾充十分喜爱小女儿，所以有些舍不得小女儿出嫁，对其婚事并不着急。

当时，贾充手下有很多文官，其中有一位叫韩寿，为人才气纵横、丰神俊朗，十分惹人喜爱。一次贾充在家会见宾客时，邀韩寿一同，而贾充的小女儿贾午在窗边偷看时，对韩寿一见钟情。后来在婢女的帮助下，俩人一来二去，熟识起来。

当时西域进贡给皇帝一种奇香，这种香十分宝贵，所以皇帝只赏赐给了贾充和大司马陈骞。贾充的小女儿贾午因倾心韩寿，便将家中赏赐的奇香送给韩寿。而韩寿得到赠香后，马上开始使用，以香薰衣，做香包佩戴，引得众人纷纷赞叹“与寿燕处，闻其芬馥”。贾充因为女儿“窃香”和韩寿身上独特的香味，而知道了二人之间的感情，待清楚事情原委后，更是成全了这对佳人，促成了一段“窃香”佳话。

从这个故事中，我们可以看出在古时候士大夫和文人就已经有较为普遍的香薰习惯。而香薰除了有增加身体香味的作用，更有间接表达志向、彰显品格等作用。像才子韩寿，就是通过使用奇香，间接向贾充表达与其女儿贾午情投意合的心思。

其实，在现代社交中，香水仍然保有这些功效。恰当地使用香水，不仅能芳香体味，获得别人良好的第一印象，更能展示魅力，彰显内涵，让你的气质翻倍。

当然，香水使用并不是多多益善，如果不小心使用过量，会适得其反，“丑化”你的形象。我们在使用香水时，可以将其涂抹在手腕、颈部、耳根、发梢等部位，或者选择上衣下摆、女性裙摆等部位适当喷洒，一般情况下，2 米范围内能够闻到淡淡的幽香较为适宜，似有若无的味道会让人觉得你谦虚谨慎，又不会过于炫耀自我。

除了对量的控制，香水味道的选择也十分重要。为了增添气质，我们要选择与自己气质相配的香水。比如，职场男士可以选择木质香调或经典古龙香水，更容易给人沉稳内敛的感觉；职场女性可以选择温柔低调的花香、海洋香调的香水，给人温柔、含蓄的印象；年轻女孩则可以选择较为甜美的香水，可以给人清纯可人的印象。总之，在选择香水时要谨记，我们使用香水是为了通过气味营造让彼此舒服的、轻松愉快的氛围，所以要避免选择具有“侵略性”气味的香水，接受度高的香味更能增加你的亲和力。

另外，并不是所有场合都适合使用香水。如在探望病人、参加葬礼等场合中，“无香”的你更容易让人感受那份尊重与亲近。

别让喷嚏毁了你

生活中，打喷嚏是很平常的事。可是，你知道吗，不注意这些小细节，会为你的形象减分，甚至有人因为一个意外的喷嚏而毁了形象，甚至差点因“打”丢了性命。

下面就来说一个唐玄宗和他的音乐老师黄旙绰的故事。黄旙绰是唐玄宗李隆基的音乐老师，尽管他出身低微，却很受唐玄宗喜爱，甚至到了见不到他就不开心的程度。

一次，唐玄宗准备宴请自己的兄弟宁王一起吃饭。在宴席间，宁王因为饭吃得太快被呛到，然后不小心将嘴里的东西喷到了唐玄宗的胡须上。宁王打完喷嚏，知道自己冒犯了君王，不禁吓得目瞪口呆，因为唐玄宗一旦因为这件事发怒的话，那么自己的脑袋很有可能就保不住了。

就在唐玄宗即将对宁王发怒的时候，在一旁陪侍的黄旙绰站了出来，用八个字为宁王开脱：“不是挫喉，乃喷帝耳。”意思是说，宁王不是因为呛了喉咙，而是打了一个喷帝（嚏）。唐玄宗听到黄旙绰的解释顿时转怒为喜，看来这个“马屁”拍得恰到好处，整个宴席紧张的气氛顿时得到了缓解。

但是这事情还没完，几个人刚刚落座之后，唐玄宗马上就反应过来黄旛绰是在和稀泥，于是又开口说道："朕乃英明之主，黄旛绰把朕糊弄过去，难道不是奸臣的做法吗？"唐玄宗的言下之意是说，虽然我饶恕了宁王不敬的罪行，但是如果今天这个马屁拍得不好的话，你也要吃不了兜着走。

当然，黄旛绰也绝非等闲之辈，在略加思考之后就这样解释道："皇上现在处处都不能离开我，以后皇上只要一想到我，我就能够打这样的喷帝（嚏）知道皇上是要召见我，因此臣下打喷嚏那是臣等的荣幸！"能够将喷嚏和皇帝思念自己巧妙的结合起来，黄旛绰这样解释可以说是完美无缺了。

唐玄宗听到黄旛绰的解释自然十分高兴，当即决定赏赐给黄旛绰一些银两。安史之乱后，这则故事流传到民间，因此一旦思念别人，那个人就会打喷帝（嚏）的趣闻轶事就一直流传到了今日，直到现在很多人依然深信不疑。

正是因为黄旛绰一个机智的解释，不仅仅挽救了一位亲王的性命，并且还延伸出了打喷嚏的多种寓意。

这是一个关于喷嚏的历史趣事，也是一个不遵守规矩的反面事例。按中国人的老规矩，当着人可以打喷嚏，一定要背过脸去。像事例中宁王那样肆无忌惮、震惊四座的打喷嚏行为，非常没有素养，会让人感觉到不被尊重，生意自然也就无望了。幸亏黄旛绰及时站出来解围才幸免于难。

而且，喷嚏是病毒传播的利器。一个喷嚏可传播到70厘米以外。当我们打喷嚏或咳嗽时，产生的飞沫像一团云迅速扩散。即便是健康人打喷嚏和咳嗽，产生的飞沫中也可能携带细菌或病毒。所以你在打喷嚏时，务必要遮掩好口鼻。

那么，正确的做法是怎样的呢？老一辈告诫我们：可用手帕或餐巾纸遮挡口鼻，转过身体，脸侧向一方，尽量低头并压低声音，在不影响其他人的情况下，完成打喷嚏的步骤。

当身边没有纸巾，或者来不及拿出纸巾时，可以用手肘、上臂内侧或者衣领内侧等部位来遮盖口鼻，防止喷出的飞沫四处播散，传播给周围的人。

很多人在打喷嚏时，习惯性地用手捂住口鼻。事后记得把手洗干净，否则病毒会通过喷嚏打出，黏附在手上。如果再用手去摸餐具、楼梯栏杆、电梯、公交车扶手等，病毒就会黏附在上面，传播给碰触到的其他人。

打喷嚏这件小事，体现了一个人的素养。千万不可错误地认为打个喷嚏没什么，那样只会毁掉你的形象。

吐痰要用纸巾

中国有句俗语：成大事者不拘小节。很容易被人误读为：要干大事，就不要在乎细节，所以很多人觉得打嗝、放屁、吐痰等“小问题”，根本不值一提，对祖辈传下来的老规矩也嗤之以鼻。

曾有人曝光了自己在火车上看到的一幕：一名坐在靠窗位置上的男子，因为身体不适咳出一口痰，他随口就吐在自己腿部和车厢侧壁的空隙中。这位男子穿着体面，从外表看，应该接受过素质教育，可他的行为与他的外在形象形成了鲜明的对比。

痰是人体呼吸道里的脓液，含有大量细菌、病毒等病原体。即便是身体健康的人，吐出的痰也是不干净的。痰是最快也是最容易被忽略的呼吸道疾病的传播途径，像流行性感冒、肺结核、气管炎、肺炎、麻疹、百日咳及白喉等的病原体，均能通过痰液传播，当痰液、飞沫随风飘起或被踩到，所带病菌就会通过呼吸、接触进入人体。所以，我们不能随地吐痰。

那么，当痰梗在喉、不吐不快时怎么办？老辈人告诉我们，要随身携带纸巾，当咳嗽、咳痰时用纸巾掩住口鼻，防止唾液飞溅，也避免污染双手。之后，将痰液吐到准备好的纸巾里，使用过的纸巾不要随便乱扔，放入保鲜袋中并扎紧封口，丢到垃圾桶里。

中国自古以来就是“礼仪之邦”，不随地吐痰，不仅仅是保护环境、保护他人的健康，更是一种文明、一种礼仪、一种对他人的尊重。

第六章 人际交往

记住对方的名字

如果有人见过你一次，就能记住你的名字，并在下次见面打招呼时直接叫出你的名字，你会不会觉得心情愉悦，感觉自己被对方所重视呢？在与这个人交流的时候，你会不会抱有莫名的亲切感，对对方存有更多的信赖和好感呢？答案是肯定的！

名字虽然只是一种称呼、一个符号，但对我们每个人而言，却也意义非凡，因为名字是我们自身的标志。俗话说："人过留名，雁过留声"，名字就像是一个人身上独特的记号，在我们与人交流时，让别人因名字，将我们与千千万万人区分开来，成为人群中独一无二的那个。所以，当别人一次就能记住我们的姓名时，我们会感到受尊重，仿佛被记住名字是一种夸奖和恭维。

中国传统文化十分重视名字的内涵和意义，有句古话说："赐子千金，不如教子一艺；教子一艺，不如赐子好名。"可见古人把名字看得比千金重，比技艺重。名字不仅是一个代号，更蕴含了人们对一个人的美好祝愿和爱意、敬意。

有个古代故事，讲述了一位军心所向、百战百胜的将军善记人名的事迹。据说这位将军带领的士兵一直是最勇猛的，每次上战场，士兵们都听从指挥，奋勇杀敌，打过很多场胜仗，助这位将军立下赫赫军功。而战士们齐心协力、骁勇善战的原因也很简单，因为这位将军记得全军中每个战士的名字。每次演武练兵时，将军都能准确地说出每个士兵的名字，说出他们的优缺点、家庭事迹、职务情况。这赢得了全体士兵的好感，认为将军是真的把他们当亲人、当朋友，而不仅仅是手下的一个兵，是真正尊重、关注、爱护他们的。所以这位将军所带领的军队士气高昂，都以将军马首是瞻，十分具有凝聚力和战斗力，自然在战场上所向披靡。

人同此心，礼同此理。记住别人的名字在今天的社交生活中，也是礼仪第一课，能够帮助我们在人际交往中左右逢源。

社交中记住对方的名字，能够传递给人我们对对方感兴趣的信号，会让对方觉得自己是个有魅力的人。且礼貌是相互的，你把对方“当回事儿”，恭敬地叫出对方的名字，尊重其在社交中的独特性，对方自然也会对你施以礼遇，并在心中给你打个较高的印象分。

很多星级酒店和奢华酒店，在登记客人信息时，都会有意识地记住客人的名字，并在后续客人住酒店的每日服务中，准确地叫出对方的姓氏。比如，我们外出归来，在酒店大堂遇到服务人员，被微笑地问候“王先生您好”，自然比简单的“您好”更有感染力。这种记住他人姓名的酒店礼遇方式，受到很多客人的喜欢，并表示自己在这样被叫名字的时候，收获了宾至如归的愉悦感，也愿意因为这种礼遇细节，在以后继续选择某酒店。

像这类星级酒店，仅仅是记住客人的名字，就能让顾客对酒店的服务褒奖有加，在营销上就成功了一半。所以，今天的社交中，我们也要掌握这个诀窍，为自己的成功铺路。

如何快速记住他人的名字？我们在与陌生人第一次见面时，当对方报出姓名后，我们可以重复一遍对方的名字，并适当夸奖对方的名字。在重复的过程中，既能纠正自己的发音，加深记忆，又能让人觉得你是个有礼有心之人。另外，为快速记住对方的名字，还可以在交流中多使用对方的名字，用名字复现，加深记忆。

总之，我们想塑造自己有修养、尊重人的好形象，就要注意在第一次见面互相介绍时，就记住对方名字，并在下次交往时能直接、正确地称呼对方，给对方以被关心和尊重的感觉。

学会使用敬语和谦辞

中华传统规矩特别讲究语言交际，在日常交际中，经常要借助敬语和谦辞来表示尊敬、礼貌、问候、祝颂等。

所谓敬语，是指敬称他人或与他人有关的人和事时所用的词语。所谓谦辞，就是表示谦虚的言辞。使用正确的谦辞，能缩短对方与自己的距离，为彼此的谈话奠定融洽的气氛。

敬语和谦辞在日常交际中是不可或缺的。准确、得体地使用它们，能够展现出一个人的修养与素质。反之，如果使用得不恰当或不适用，则会给自己造成负面影响，引起别人的猜忌、困惑或反感，甚至使别人误会自己的好意，从而给人留下不佳的印象。

汉语里的敬语和谦辞非常多，在世界语言文字里是独一无二的。当然，其中也有不少已经不合时宜，逐渐为人所遗弃了。而对于流传广、使用频率高的敬辞和谦辞，有人将其编成一个口诀：家大舍小令外人，小寒拙鄙称自身。高大尊贵又贤惠，光雅拜赐皆用对。

家大舍小令外人。这句话中，关键词有：家、舍、令。

“家”是称呼比自己辈分高或者年纪大的家人，比如谦称自己的父母为家父、家母，谦称自己的叔叔婶婶为家叔、家婶，谦称自己的兄嫂为家兄、家嫂。

“舍”用来谦称比自己小的亲属，如谦称自己的弟妹：舍弟、舍妹，谦称自己的侄儿：舍侄。

而对于外人，则在称谓前冠以“令”字。比如敬称别人的父母时，说“令尊”“令堂”，敬称别人的兄弟姐妹时，会说“令兄”“令弟”“令姐”“令妹”，敬称别人的子女，用“令郎”“令爱”。

需要注意的是，使用“舍”字谦称时，在自己的妻子儿女上是有例外的。旧时男人对自己的妻子、儿女不用“舍”字，常称妻子为“内人”，称儿子为“犬子”。

小寒拙鄙称自身。这句话中，关键词有：小、寒、拙、鄙。在与人沟通时，常常用在描述自己的事物之前，以示恭谦。

“小”字类，如称自己的女儿为“小女”，读书人称自己为“小生”，普通中青年称自己为“小可”。

“寒”字类，这个谦辞用得相对较少，主要用于谦称自己家为“寒舍”。很多人都会提“寒门”这个词，不过，寒门是一个专有名词，指的是地位卑微的家庭，而不是谦称自家。

“拙”字类，比如用来表示自己的见解，可以说“拙见”，用来表示自己的作品，可以说“拙作”。

“鄙”字类，表示对自己的谦称，可以说“鄙人”，用来称自己的姓氏，可以说“鄙姓”。

高大尊贵又贤惠。这句话中，关键词有：高、大、尊、贵、贤、惠，全用于敬语。

“高”字类，比如称别人的言论，可以说“高论”，称别人的学生，可以说“高足”，称对方的见解，可以说“高见”。

“大”字类，比如称对方的名字时，可以说“大名”；对方亲临时，可以说“大驾”；称对方作品时，可以说“大作”。

“尊”字类，比如听从对方的意见时，可以说“遵命”；称对方的姓氏时，可以说“尊姓”。值得一提的是，随着时代的推移，一些“尊”字类的敬语渐渐偏离了原意，比如，“尊便”原是请人方便行事的敬辞，但现在常用于“悉听尊便”，我们在使用时一定多加注意。

“贵”字类，问对方的年龄时，可以说“贵庚”；称别人的姓氏，可以说“贵姓”；称对方的儿子时，可以说“贵子”。

“贤”字类，如称呼比自己年龄大的男子时，可以说“贤兄”；称呼比自己年轻的男子时，可以说“贤弟”；称呼晚自己一辈男子时，可以说“贤侄”。

“惠”字类，如敬请对方保存时，可以说“惠存”；敬请对方光临时，可以说“惠顾”；敬指对方赠予，可以说“惠赠”。

光雅拜赐皆用对。这句话中，关键词有：光、雅、拜、赐，这组敬辞多用于动词之前，组成动词型的敬请。比如，尊称他人的来访时，可以说“光临”；请对方观看自己的诗文书画等作品时，可以说“雅览”；请对方帮自己办事情时，可以说“拜托”；恭请对方给予回复时，可以说“赐复”。

敬语和谦辞是汉语言文化的精华，如果我们能适当运用，就会给人彬彬有礼、貌若君子、很有教养的印象。与陌生人交往时，使用敬语和谦辞，能给人留下良好的第一印象；请求别人时，可以使人乐于提供帮助和方便；洽谈业务时，能让人乐于与你合作；即使在批评别人时，适当使用敬语和谦辞，也可以使对方乐于接受。

即使你是一个率直、不拘小节的人，对别人说话时也应尽量注意礼貌及谦和的态度，比如在适当的场合，不忘以诚恳的口吻说：“请”“谢谢”“对不起”“您好”“麻烦您”“抱歉”“请原谅”等，必定使你在待人处事方面更加顺利、成功。

当然，敬语和谦辞不可滥用。如果大家在一起相处很久了，相互之间做些一般小事，有的就可不必多用谦让语。熟人之间用多了谦让语，反而会给人一种客套之感。

互换名片的学问

名片是我们在社交场合中经常要使用的物件，用于自我介绍和联络人脉。初次见面，互换名片既是一种社交礼仪，也能让人通过名片上的简介，快速了解你的基本信息，方便后续的沟通交流。可能很多人认为，一见面就互换名片的礼仪，源自现代西方社交礼仪，后传入中国的，其实并非如此。中国传统礼仪文化源远流长，早在秦汉时期，古人就开始使用名片，只不过古代礼仪并不将之称为“名片”，而是叫作“名帖”“名刺”，其功能与今天的名片相同。直到清朝时期，“名片”才正式使用这种叫法。

中华传统规矩看重身份，名片则是集中显示一个人基本信息、身份背景的工具。古往今来，在中国人的观念中，都将互换名片视为新朋友初次见面时，互表敬意和礼貌的象征，同时这也是一种高效的社交方式。初次见面，懂不懂与他人互换名片的礼仪学问，直接关系你的社交成败。

那么，在互换名片时，哪些礼仪既传承中国式礼仪观念，又适合现代社会呢？以下这些互换名片的学问，我们不可不知。

一般情况下，如果我们想结识别人，可以先主动递上自己的名片，同时换回对方的名片。递送名片的时候要注意，按照“先尊后卑，由长及幼”的顺序递送，且名片需正面朝上，可以用双手拇指和食指捏住名片的两角，微笑递给对方，并在递送名片的同时说一些礼貌的话，比如，可以温和正式地说：“久仰大名，在下是某某，这是我的名片，以后咱们有空常联系。”但要切记，初次见面不可直接用“给我张名片吧！”这种过于随意的说法索要名片，会给人居高临下、颐指气使的感觉，属于没有礼貌的做法。

在递给对方名片后，如果对方不了解名片交换礼仪，或者忘记回赠名片，我们可以出言提醒：“以后怎样与您联系呢？”“以后有问题怎样向您请教呢？”根据交流对象的年龄、身份来措辞，这样委婉提醒对方互换名片，更容易给人留下有修养的好印象。

此外，我们在接收别人名片时，也要注意双手接过，表达谢意，并在接完名片后，现场认真阅读名片的内容，和对方确认名片信息，同时点头示意，表示出对对方的敬仰之情，再妥善将对方的名片收入衣服口袋或手提包，以表重视。切记，不可面无表情地接收他人名片，这样会让人觉得你冷漠且无礼，可能并不是很想结识对方，会给后续的社交埋下隐患。

如果自己忘记带名片，则可以真诚地告诉对方：“抱歉，忘带名片了 / 名片用完了。”然后询问对方，能不能交换其他联系方式，如邮箱、微信等。一定不可无故拒绝和别人交换名片，会让人觉得你看不起对方，也是失礼的表现。

初次见面，互换名片学问多，且名片如其人，反映的恰恰是一个人的气度、修养、礼仪、素质。学会得体地互换名片，我们才能在人际交往中拓展人脉资源，获得他人礼遇。

自我介绍的礼仪规矩

自我介绍作为一种重要的社交礼仪，不但能帮我们和陌生人建立联系，也能通过自我介绍将自己展示给他人，打开社交新局面。恰当地自我介绍，能够让别人迅速了解我们，还能减少很多不必要的社交误会和麻烦，为接下来的沟通奠定基础。所谓“莫愁前路无知己，天下谁人不识君”，会自我介绍的人，朋友自然少不了，而多个朋友多条路，所以中国礼仪自古重视自我介绍，人们将其视为表明身份和表达尊重的一种方式，还有相应的礼仪规矩。

古代礼仪中，自我介绍时一般会按照姓、名、字、籍贯的顺序来介绍自己。大大方方地自报家门，说明自己姓谁名谁，家住何处，显示的是与对方交流的诚意，以及自己对对方的敬意。

《岳飞传》里就写过，岳飞在两军交战时，在阵前自报家门，说自己来自河南省汤阴县，姓岳名飞字鹏举。这种“来将通名”的自我介绍方式，就是古代礼仪的一种，表示自谦和敬人。

除了岳飞这样豪爽的“来将通名”，古人“求职”时的自我介绍也有满满的礼仪“干货”，值得我们借鉴。

大诗人李白就曾在《与韩荆州书》中写了一段优秀的自我介绍，其文字如下：“白，陇西布衣，流落楚、汉。十五好剑术，遍干诸侯。三十成文章，历抵卿相。虽长不满七尺，而心雄万夫。皆王公大人许与气义。此畴曩心迹，安敢不尽于君侯哉！”

大致意思就是：“我李白，是来自陇西的一介平民。曾在楚汉之地游历。我十五岁时爱好剑术，也拜谒过很多地方官。三十岁时文章有所成，借文章拜见过卿相显贵。虽然我不高，但是我有超过万人的雄心壮志，过往王公贵族也赞许我讲道义。这些过往的经历和心事，不敢不向您尽情表露。”

李白一篇才华横溢的自我介绍，字里行间既有阐述个人基本信息和经历的真诚磊落，又侧面用自己过往经历和与卿相显贵的交情，表明自己的人脉和优势，虽然是向韩荆州自荐，但是不卑不亢，结尾还强调不敢不向韩荆州表露过往心事行迹，体现了对韩荆州的重视、尊敬和信任。这样的自我介绍，自然有流传千古的资本。

连“诗仙”李白的自我介绍都如此谦虚谨慎、条分缕析，可见古人自我介绍语言、称呼、内容等方面需要注意的细节比较多。比如，古人在自我介绍时会对自己使用谦称，如和尚、道士会自称“贫僧”“贫道”，男子会称自己为“小生”等。这种在语气和用词上的自谦、礼貌，主动介绍家世、特长、经历、学识等基本信息，都是自我介绍的传统礼仪，放在当代社交也仍然适用。

当代社交中，想顺利打开社交大门，彰显自身优势、实现人脉拓展，让他人觉得你的介绍大方有礼，不妨掌握下面这些自我介绍的技巧。

自我介绍时要自信。自信地报出自己的姓名，并注意用肢体语言、眼神、表情，表现自己希望交流和认识对方的诚意。自我介绍一定要语言清晰，忌含糊其辞，模糊不清的自我介绍，会让人觉得你不够重视两人的交流，或者缺乏自信心，容易影响后续沟通。

自我介绍也不是完全以自己为主角的交流，学会换位思考，能站在对方的角度分析对方想听哪方面的介绍，也是周到有礼貌的表现。所以，得体有礼的自我介绍，应该根据交往目的不同，有针对性地介绍，忌长篇大论，学会化繁为简才能在高效社交中，给人留下有礼貌、有内涵的印象。比如，职场上自我介绍可以多说与自己专业、职业、经历相关的内容，少说兴趣、爱好之类的内容，而在长辈或者尊者面前，则可以谦虚地介绍自己姓名、经历等最基本的情况，再根据对方的关注点，补充说明自己的情况。

此外，社交中最忌飞扬跋扈、眼高于顶，所以在自我介绍时，也要谨记中国传统礼仪中敬人谦己的原则，少用“第一”“特别”“很”这类极端词来称赞或形容自己，把握好介绍分寸，注意态度友善随和，用真实的介绍和从容不迫的自信态度打动对方，才能收获别人的肯定。

“过谦则无以明志，过骄则盛气凌人”，自我介绍的礼仪，就需要我们在率真坦诚、客观简洁中，找到落落大方的“度”。

君子礼容之“听容”

中国传统礼仪十分重视对君子“听容”的约束，所谓“听容”，简单来说，就是听人说话的礼仪。《礼记·曲礼上》有言“正尔容，听必恭”“立必正，不倾听”，这两句讲的是，在听尊敬的长辈说话时，要保持容色端庄，以恭敬的态度去倾听。而在倾听他人说话时，则要面向对方，不可歪着头听，这样才是有礼貌的行为。可见，古人十分重视倾听方面的礼节，很多典籍都在教我们如何做个礼貌的倾听者。其实，这与今天我们所推崇的社交礼仪有着相似之处，都强调要尊重讲话者，重视对方在交流中的感受。

生而为人，我们都有两只耳朵，却只有一张嘴，也许就是提醒我们，要多倾听，少说话，因为善于言辞是一种能力，而懂得倾听，却是一种修养。

很久以前，有一大一小两个邻国，大国国力强大，经常越界骚扰小国，让小国感到威胁。两国之间关于边境问题的交涉，总是因为大国国君强势且不听他人言，而无法顺利进行。某天，小国使者带着三个小金人进献给大国，并给这位大国君主出了一道考题，使者带来的三个小金人外表看来一模一样，他却让君主猜哪个小金人最有价值。

这个问题难坏了这位大国君主，为了在小国使者面前不失颜面，他找了很多人来解答，大家却都认为三个小金人价值是一样的，难以区别判断。正一筹莫展的时候，一位大臣忽然说，他知道哪个金人更有价值。

只见他拿出三根稻草，分别插入三个小金人的耳朵里，第一根草从第一个小金人的另一只耳朵里出来，第二根草从第二个小金人的嘴巴出来，而插入第三个小金人耳朵里的稻草，却不声不响地掉进了小金人的肚子里。所以，这位大臣认为第三只小金人最有价值，正所谓“有容乃大”，第三个小金人善于倾听，就能更好地接纳外界事物，自然更有价值。使者表示答案完全正确，并委婉地表示，希望大国君主也能像最有价值的小金人这样，善听人言，能好好地与小国交流，促进两国和平相处，共同繁荣。

俗话说“三人行，必有我师”，善于倾听的人能更好地接受别人的建议，把倾听的过程变成一种收获。而在收获的过程中，因为我们的倾听，讲话者也会有一种被尊重的舒心，进而对倾听者产生好感和依赖，双方的关系也会因为这样的良性互动而越发亲近。所以，人际交往中，我们偶尔会发现这样一种现象，有些人虽然不爱说话，但与之交流却能给人相见恨晚的感觉，另一些人滔滔不绝、舌灿莲花，我们却只觉得他们聒噪、吵闹，想要远离他们。

其实道理很简单，人们都希望在与他人的交流中能够感到轻松愉悦，同时又希望自己在社交中能够获得他人的尊重和关注。与善于倾听者交流，对方能把你的观点听到心里，他们倾听时专注的表情、真诚的态度，点点滴滴都让人觉得自己说的话很重要，能让人产生一种被认真对待、被认同理解的感觉。所以，能够礼貌倾听他人说话的人，有时比妙语连珠、滔滔不绝的人更容易被喜欢，他们倾听时的礼貌和风度，对倾诉者而言，是超越语言的礼赞。

社交中，没有人能够一直处于“说”的位置，双方畅通无阻的交流应建立在互相理解、互相尊重的前提下。中国人讲究“己所不欲、勿施于人”，讲究“将心比心、急人所急”，我们在社交中希望自己说话能被别人理解和重视，所以，推己及人，别人讲话时，我们也要注意倾听礼仪。

在听他人讲话时，我们可以目光柔和地注视对方，通过眼神的交流让对方知道你在倾听。你全神贯注的眼神，能够让对方感受到无声的认同和鼓励，自然会对认真倾听的你抱有更多好感。

此外，一个礼貌的倾听者不能仅用目光关注谈话者，自己却一言不发，而是适时地“配合”。没有什么比“听众”的反馈更能让发言者愉悦。倾听他人说话时，适时地点头，并偶尔说出“嗯”“对，确实这样”“你说得没错”这类简洁的话语表明自己的态度，更能让对方觉得你在认真倾听，是个志同道合又善解人意的人。

社交场合，倾听也是一种能力。把滔滔不绝做主角的机会让给别人，做个礼貌的倾听者，相信你一定能给人留下周到贴心、谦和有礼的印象，也会让人在与你交流和诉说时有如沐春风的舒适感。这样听时有礼，说时到位，才能帮你在与人交往中少走弯路，多结益友。

交谈时不能失了分寸

聊天是社交中的重头戏，人与人交谈时，会比较关注自己说话时的表情、动作、态度等细节，认为把言行举止的基本礼仪做好，就能成为别人眼中得体且有修养的人。然而，交谈的规矩远远高于这些细节，从你选择与他人的聊天话题开始，你的教养就已显示无遗。

传统礼仪重视谈话之礼，对其中的规矩和学问都有具体指导，比如在《礼记·少仪》中，对谈话之礼这样记载："不窥密，不旁狎，不道旧故，不戏色。"意思是说，我们与人有礼交谈，要注意不能窥探对方的隐私，不能与对方过于亲密或戏要、逗弄对方，不能揭人短，不能有傲慢、嬉笑、侮辱的言语。其中"不窥密"一句，就是对交谈选择话题的指导，这一点在今天的社交谈话礼仪中，也十分重要。

《礼记·少仪》讲"言语之美，穆穆皇皇"，强调中华用语不光谦和、恭敬，也讲究谈吐文雅，这才是有礼有节的说话方式。一个人想要获得别人的尊重和喜爱，首先就要学会尊重别人。我们在前面说过的表情、姿态固然是礼仪的基础，但也不能忽略了言辞的重要性，尤其与陌生人首次见面，在不了解对方为人和喜好的前提下，交谈时更不能失了分寸，懂得远近亲疏，不逾越、有尺度，才能真正让他人觉得你是个彬彬有礼之人。

生活中，我们总能遇到这样一些人，他们喜欢打听别人的隐私，会把别人的伤心事、糗事当作笑料四处宣扬，会刨根问底询问一些尴尬的问题，根本不顾及别人的感受。所谓矮子面前不说短，谈论对方的缺陷或短处方面的话题，或做出轻浮的举止、强人所难的行为，都是无礼的表现，是我们在社交时必须避免的。

己所不欲、勿施于人，相信谁都不希望自己在社交场合中被人追问尴尬的话题而下不来台。所以交谈时应换位思考：这个话题是否会困扰对方？自己在被追问或纠缠时会有什么样的心情？久而久之，我们也会选择话题了。

和谐有礼的社交谈话中，人人都是主角，不要在谈话中唱独角戏，要主动选择一些让对方有话可说、能够接得上的话题，给对方说话的机会，才能让谈话进行下去，让聊天为社交升温。而遇到禁忌话题要会转移，发现对方有不想继续聊下去的意思，则需要体贴对方的处境，巧妙地转移话题，给对方喘息的机会，这些都是与人沟通时选择话题的礼数。

接人待物的修行，从守规矩开始。掌握谈话的分寸，选好你的社交话题，才能在人际交往中给人留下良好的形象，跨出社交成功的第一步。

不要打断别人说话

每个人的性格都不同，有的人稳重，有的人活泼；有的人文静，不爱说话，有的人则整天有说不完的话。性格没有好坏，但是在不同的场合要注意约束一下自己，避免给他人带来困扰。

就拿说话来说，天生爱说话没有错，这种性格在有客人来访的时候发挥着重要作用。有了爱说话的人在场，就不用担心出现冷场的局面。但是，如果话太多了，比如总是打断别人的说话，不断地插嘴，这样就不太好了。

中国传统规矩中自古就对随便打断别人讲话的做法十分不齿，认为这是一种无礼的行为。《礼记·曲礼上》中就曾说："侍坐于先生，先生问焉，终则对。"意思是，学生听老师讲课，侍奉老师左右，如果老师提问，则一定要等老师全部问完才能开始回答。尊师重道之礼，从不随便打断老师的讲话开始。我们认真倾听别人讲话，斟酌分析别人讲的内容，再认真地分享自己的观点，这是沟通交流的基本礼仪。

然而，在今天快节奏的生活环境下，一部分人已经忘记了古人这种不急不躁、从容友善的精神，慢慢遗失了传统规矩中沟通的修养。

试想一下，当领导在发言时，有人突然举手说："您刚才说错了"；当同事在侃侃而谈时，有人打断说："这个听过了"；当孩子兴奋地说学校趣事时，家长没好气地来一句："作业做完了吗？"……设想你就是说话者，被人突然打断心里会舒服吗？还有继续说下去的兴致吗？答案是否定的。

管住嘴，不随意打断，既是一种高情商，也是一种推己及人的尊重。一个真正有智慧或有情商的人，往往都会听别人怎么说，而不是抢着发言。

在《论语》中，孔子对与人沟通的见解是："侍于君子有三愆：言未及之而言谓之躁，言及之而不言谓之隐，未见颜色而言谓之瞽。"这段话讲的是君子的三种无礼过失，首当其冲就强调"言未及之而言谓之躁"，也就是说话不要抢话，没轮到你说，你却争着说话，这是急躁的坏习惯，不是君子所为，因为有失礼数。孔子这样教人说话，贯彻的就是礼仪文化中的君子之道，是一种尊重他人，推己及人的精神。

因此，别人说话的时候尽量多听、多想，尽量不要去打断别人并发表个人意见。我们可以用认真倾听和适当回应表示恭维，当有意见要发表时也不贸然插话，等别人说完话之后再说出自己的看法，这不但是对讲话者的尊重，也是对谈话场面秩序的一种尊重，更是接人待物不可不学的礼仪之道。

与人打交道，有“三不问”

时至今日，古人留下了很多规矩，一直被人们所传承，比如《增广贤文》就有很大一部分主要讲做人的“规矩”，广泛应用于生活的方方面面。

在与人打交道的时候，为了尊重自己和别人，人们同样设置了一些规矩，作为约束彼此的行为准则。了解这些规矩才不会冒犯到别人，让自己在人际交往时更加顺畅。

过去有句老话，说与人打交道的时候，有“三不问”，也就是有三个方面的问题不要轻易问对方。

第一不能问的，就是别人的年龄。初识一个人，你肯定想了解对方的年龄。其实大部分人自我介绍的时候都会主动透露，如果他没有说，证明对方有什么不想说的理由，所以不要随便问。尤其是对女性和老年群体，更不可以随便打探对方的年龄，否则很可能会给对方留下不好的印象。

第二不能问的，就是对方的财产和收入。对于一个人来说，这是一个十分隐私的话题，喜欢问别人工资其实也是一种情商低的表现。现在网上有很多年轻人相亲的段子，两个人一见面就开门见山问对方的收入和财产情况，但是在正常的社交当中，这个问题不能随便出口。

第三不能问的，就是别人的家事。他人生活的好坏都与我们无关，做人切忌不要挖别人的秘密，打探隐私的人一定是最不受欢迎的人。

提出这样的问题，如果别人想讲的话，他会告诉你，如果别人不想讲的话，你问了也没有用，而且只会让彼此尴尬。正所谓“清官难断家务事”，他人所有的家务事我们都不应该过问，这些所谓的“关心”反倒会引起对方的反感与误会。

说错话了，如何弥补

俗话说“人有失手，马有失蹄”，我们在人际交往中难免有说错话的时候，不慎失言，可能贻笑大方，也可能引起纠纷，但无论是哪种情况的失言，都会让说话人觉得丢脸，让听话者想去批判。

中国人重视交谈中的礼数，早在《论语·卫灵公》中孔子就说过：“可与言而不与之言，失人；不可与言而与之言，失言。知者不失人，亦不失言。”这段话的意思是：应该说话时不说，会丧失他人的信任；而不该说话时乱说，又会让人觉得你是个冒失的人。聪明的人懂得把握让人信任和不失言之间的分寸。

可见，中国传统礼仪将失言视为无礼和没有智慧的行为，这与今天的沟通礼仪一脉相承，但“金无足赤，人无完人”，我们难免会有说错话的时候，该怎么应对这种失礼的情况呢？失言不可怕，只要会巧妙地弥补，照样能留给人有礼有节、言语周到的好印象。守礼的古人在弥补失言方面，早就自有高招。

《晋书》中就曾记载过阮籍巧妙化解失言困境的故事，从阮籍的言语间，我们也能学到维护谈话之礼的妙计。

书中记载，某次阮籍和司马昭一起上朝，忽然有侍者上报，说是有人杀死了自己的母亲。生性放荡不羁的阮籍随口念叨说：“杀死自己的父亲就算了，这人怎么能杀自己母亲呢？”

一句不经思考、随性而出的话，让在场的大臣们哗然，大家交头接耳，小声嘀咕说：“阮籍这人怎能说出如此有违孝道、不知礼数的话呢？”

回过神的阮籍也意识到自己失言，对这样一桩悲剧，不但轻飘飘地评论，还说出弑父这种有违忠孝之礼的话，实在是不应该。于是，他忙解释说：“我的意思是，山野禽兽只知道母亲是谁，而不认识父亲。杀死父亲就是禽兽一样的行为了，此人杀母，简直连禽兽都不如。”

一席弥补的话，说得天衣无缝，让在场众人无法反驳。阮籍这招借题发挥，不但巧妙地平息众怒，避免了因自己一时失察的无礼的话惹来的杀身之祸，同时也将错就错，扭转乾坤。在弥补的话语中适当地改变先前说错话的含义，既缓解了失言失礼的尴尬，还为自己赢得了在场人的认同。

今日社交言谈中，我们一方面要坚守传统礼仪中谨言慎行的要求，尽量避免失言；另一方面，也要学习古人巧妙弥补失言的智慧，在关键时刻给自己台阶下。

弥补失言有两个技巧。

首先，借题发挥。失言不要怕，我们不必纠结于说错的话，既然已经失言了，就试着在错误的基础上，用幽默风趣的语言来改变谈话氛围。可以渲染错处，利用错误大做文章，巧妙地自圆其说，用合乎情理的论证将自己说错的内容转化为正确的内容，这样不但能缓解自身尴尬，也能安抚他人情绪。

其次，将错就错。交谈中如果不小心失言，不如不动声色地改变说话的情境，用弥补的话转移对方的注意力，使听者不自觉地顺着你的思路而思考，这样巧妙调动对方感情，也是有效弥补失言的方法。

比如，你见朋友穿的新裙子很丑，却又不小心把内心话说出来了，那不如弥补一句："你上次那条裙子就很好看，显得你肤色更白，不过今天这条虽然款式一般，却显得你瘦好多呀！"这样弥补一句，既缓和了直接批评他人的无礼态度，又能让人转移注意力，觉得你的重点在后面，其实是想夸对方瘦，自然就不会让对方觉得受伤、难堪，有被冒犯之感。

当我们习惯在与人沟通时多一份谨慎、多一份机智，能够巧妙地弥补自己语言中的失误，不给他人找难堪，不给自己留尴尬，我们也就学会了和谐沟通的礼仪之道，也就能在不同的社交局面中"见招拆招"，使自己立于不败之地。

书信往来中的规矩

中国文化中有“鱼雁传书”一说，古人见鱼在水中游来游去，大雁秋去春来，于是就将“鱼雁”比喻成传递书信的信使。王昌龄诗词中曾写：“手携双鲤鱼，目送千里雁”，就是以“鲤鱼”和“大雁”作为代称，讲书信传情。

我国的书信史源远流长，古代交通闭塞，信息传递困难，大家见一面很不容易，于是写信就成为交流情感、传递信息的重要方式。“见字如面”一词，就成了书信问候很常见的开场白，见到我的字迹，就像我们见面了一样，写信人的亲切与尊重借着这四个字透过纸背，在展信的瞬间传递给对方。

现代社会交通通讯都十分发达，书写信件这种交流方式已经逐渐退出我们的生活，但信件并未消亡，电子邮件取代传统手写信，正广泛应用于我们的职场工作、商务交流、日常生活中。

见字如面，一封电子邮件仍然向收件人展示着一个人的脾气秉性、礼节素养，能够让人通过一封邮件，看出你是一个什么样的人。所以，无论社会如何发展，传统书信中自谦敬人的原则和基本的信件用语礼仪仍不可荒废。现代邮件往来，我们也可以从中国传统写信礼仪中找到借鉴之处，让自己的邮件礼仪更周到得体。

中华传统规矩中，在给人写信时，需要在收信人姓名和称谓之后加上“俯启”“赐启”这类敬语，表达对对方的尊重，且对平辈和长辈说法不同。给长辈的信件可以用“俯收”“道启”“赐启”等敬语，意思是感谢对方屈尊俯身来收自己的信，表达对对方的尊敬和恭维；而给平辈的信件则要用“台启”“大启”以做区分，是尊人自谦的语气。我们比较常见的“敬启”，意思是让人恭敬地打开信件，不能用于给长辈的信件中，用错对象就有傲慢自大的嫌疑，切不可乱用。

中华传统礼仪对书信落款署名也有相应的规范。书信落款语、署名，又称为启禀语，也讲究尊卑长幼用词不同。晚辈给长辈的书信，落款可以用“跪禀”“敬叩”等启禀词，比如曾国藩给父母的家书的结尾是这样写的：“谨此跪禀万福金安”；而写给平辈的书信，启禀词则可以用“手书”“谨启”等，曾国藩在给弟弟们的信件中，就曾用了“兄国藩手书”；而给晚辈信件的署名，一般可以用“字”“手示”等，曾国藩在给儿子信件的落款处用的就是“涤生字”。

除了收件人称谓敬语、落款署名，传统书信礼仪还要写：春寒料峭，各自珍重；别来良久，甚以为怀等思慕语，以及结尾祝福对方平安吉祥的一些祝愿语，其作用类似于我们今天写邮件时开头、结尾的礼貌寒暄。今天我们在写电子邮件时，如能参考传统书信礼仪，言辞间敬人谦己，礼貌周到，则能极大提升电子邮件沟通体验，让冷冰冰的电子邮件也有社交礼仪的温度。

线上一言一词看似是习惯问题，其实是文化修养的传递，一封邮件展示的是你的人品素质，也是你的专业能力。继承传统书信敬与雅的基因，写好电子邮件，让朋友们对你刮目相看吧！